Fritz Heinrich Lotterfuchs

Was leichter fällt,
wiegt noch nicht schwerer

Antworten stellen Fragen – wie Verbrecher

Fragmentalität

Fritz Heinrich Lotterfuchs

Was leichter fällt,
wiegt noch nicht schwerer

Antworten stellen Fragen – wie Verbrecher

Fragmentalität

Books on Demand

Bibliographische Information Der Deutschen Bibliothek:
Die Deutsche Bibliothek verzeichnet diese Publikation in
der Deutschen Nationalbibliographie; detaillierte bibliographische Daten sind im Internet abrufbar über
http://dnb.ddb.de

Herstellung und Verlag :

BoD – Books on Demand, Norderstedt

Gedruckt auf alterungsbeständigem Papier
(holz- und säurefrei)

Umschlaggestaltung : E. L. Schmidt

Printed in Germany

ISBN 978-3-7519-5208-8

INHALT

für meine Eltern

Experten oder Demokraten?

Hier soll es um Experten gehen, nicht um „Experten". Dass sie ewig streiten und debattieren und uneins sind, ist aber kein Manko, wie der Laie wähnt und höhnt, sondern das Lebenselixier und der einzig leistungsfähige Motor jener Wissenschaft, welche einer Lebenserleichterung dienen will. "Rabies eruditorum", die Streitwut der Gelehrten, nicht ihre hierzulande so überschätzte Eintracht, fördert den Aufklärungsfortschritt, der allein aus gewalttätiger Unwissenheit herausführen kann. Einstige Einigkeit ist das Ziel, doch ewiger Kampfgeist der einzige Weg dahin. Die bei Laien so verschriene „elitäre Arroganz" des Experten findet ihre Grenze nur an der elitären Arroganz seiner Rivalen. Kein *Konsens* ohne institutionalisierte Konkurrenz auf menschenmöglich höchstem Niveau.

Das ist wohl das Dilemma jeder Demokratie zwischen Laien, Fachleuten und Ideologen in den naturwissenschaftlich-technisch-industriellen Gesellschaften : Sie ist notwendig eine Tyrannei der Fachmänner. Demokratie ist Herrschaft der Laien über die Experten, Wissenschaft aber pedantische Diktatur der Wahrheit über uns Dilettanten. Genauer : Demokratie innerhalb der „scientific community" ist immer noch Diktatur des Sachverstands über den eher ungesunden Menschenverstand des blutigen Laien.

Experten sollen und wollen Politiker „beraten", aber Politiker, die diesen Ratschlag in den demokratischen Wind schlagen, sind Dummköpfe oder Diktatoren oder beides. Dieser „zwanglose Zwang des besseren

Arguments" (Jürgen Habermas) ist eine Expertokratie im Herzen der politischen Demokratie selber. Jeder streitende Fachmann hat irgendwo Recht, aber auch der Laie, welcher feststellt, dass nicht alle zugleich Recht haben können, die einander mit guten Gründen widersprechen.

Wissenschaft ist ewige Suche nach der Diktatur von Wahrheit und Wirklichkeit über Wahnsinn, Eigensinn und Blödsinn, also über die unmaßgeblich eigene Laienmeinung. Der wissenschaftliche „Absolutismus der Wirklichkeit und Wahrheit" *(Odo Marquard)* ist notwendig und unvermeidlich die Diktatur der Experten über die Laiendemokratie. Die bevorzugt naturwissenschaftliche Expertokratie innerhalb der politischen Demokratie von Industriegesellschaften ist ihr unauflöslicher Selbstwiderspruch. Hochkulturen sind unzähmbarer und nur sophistisch zu versteckender Despotismus von Hochschulen über Volksschulen.

Experten sind bewunderte, gefürchtete und beneidete Fachleute, die über Allergeringstes das Allermeiste wissen und schließlich mehr als alles über weniger als gar nichts. Aber in aller Ambivalenz sind sie gleichzeitig verachtet und verlacht als bornierte Fachidioten mit Tunnel- und Scheuklappenblick auf die praktische Lebenswelt des Normalos. Kurz : Experten sind Sachkundige, gegen die der Laie seine himmelschreiende Ignoranz und Vorurteilsstruktur verteidigt, indem er sie Fachidioten schimpft, die von Berufskrankheiten, also unheilbaren Geisteskrankheiten, deformiert seien.

Es gibt viele Dilettanten und nur wenige Experten auf jedem Gebiet menschlicher Kenner und Könner. Experten, das sind Sachverständige, die einfach nur den letzten Stand der Wissenschaft auf ihrem und nur ihrem Fachgebiet aus dem Effeff beherrschen und virtuos allgemeine Regeln anwenden können auf konkrete Einzelfälle, aus denen sie diese Allgemeinbegriffe ebenso virtuos abstrahieren können in jeder praktikablen Situation.

Es gibt aber auch interdisziplinär spezialisierte Generalisten für alle Spezialgebiete und fachidiotische Spezialisten für Allgemeinbildung. Ist Allgemeinbildung heute mehr als Fachidiotie auf mehr als einem Fachgebiet?

Der Experte ist Laie auf allen anderen Fachgebieten und der Laie stets Experte für Unwissen und Vorurteile anderer. „Experte ist, wer ein Problem für jede Lösung hat." *(Samuel Hall Lord)* Demokraten sind konstitutionell unfähig, seriöse Experten von wichtigtuerischen Scharlatanen zu unterscheiden. Der gesunde Menschenverstand ist die stumpfe Waffe, die der demokratische Normalverbraucher gegen Experten vergebens auffährt, um sich deren geballtem Sachverstand in Ehren zu erwehren. Gesunder Menschenverstand ist gegen geprüften Sachverstand zumeist wie das „gesunde Volksempfinden" : ein tendenzielles Schlangennest von Irrtümern und Lügen, von Lug und Trug und Selbstbetrug.

Ein Experte aber ist einfach nur ein Mensch, der viel mehr weiß und kann als du, mehr nicht, und deshalb Fachidiot geschimpft werden muss, der vom praktischen Leben keine Ahnung haben kann − auch wenn er tatsächlich gerade dort brilliert und triumphiert. In aller Bescheidenheit weiß er allein Bescheid und gibt ihn dir. Laut *Samuel Butler* weiß er immer mehr über immer weniger − doch sonst viel weniger als du und ich. Der Experte muss distanziert werden als typisch unerträglicher Besserwisser, den ich zum Idioten auf jedem Gebiet jenseits seines Spezialgebiets erklären muss, um ertragen zu können, dass er über alles andere auch nicht weniger weiß als ich, auf seinem Gebiet aber gleich unermesslich mehr.

Zehn Jahre braucht im Schnitt ein Laie, um keiner mehr zu sein wie ich, sondern zum Spezialisten zu reifen oder zu verblöden. Auf niemanden konzentriert sich zugleich so unbegrenzte Autorität wie höchste Geringschätzung plus Misstrauen. Er ist der, welcher fast alles, was du kannst und weißt, mit Fug und Recht zu Abfall erklären kann, zu einem Abgrund von Dünkel, Blindheit und Verblendung. Ein unbekannter Laie schrieb : "Die Titanic wurde von Experten gebaut, die Arche von Laien". – So rettet sich der Dilettant der Wahrheit mit Mühe vorm Fachmann der Wirklichkeit.

Für Böses sind Experten zuständig, für Gutes nur Laien? Expertokratie ist elitäre Problemlösungskompetenz. Demokratie aber wäre Herrschaft der vielen Unwissenden über die wenigen Wissenschaftler. Wer mal wählen müsste zwischen Demokratie und wissenschaftlich befeuertem Industrialismus, sollte die Demokratie wählen. Beides scheint nämlich unvereinbar, doch davon wollen weder Wissenseliten noch Laiendemokraten gewöhnlich etwas wissen.

„Gute Lügner sind in Sachen Wahrheit die besten Experten." *(Ernst Ferstl)*

Allgemein**un**bildung hindert dich viel mehr, Spezialist zu werden, als ein Sach- und Fachwissen dich hindert, gute Allgemeinbildung zu erwerben. Sind Experten wirklich nur geistige „Einbahnstraßenfahrer" und lebensfremde Haarspalter, Erbsenzähler und Korintenkacker? Der Dünkel der Flachleute gegen Fachleute ist aber gemeinhin größer als der umgekehrte. Der Laie ist Experte für Dilettantismus und kompetent für die vermeintlich lebensunkundige Dummheit aller Sachverständigen. Klugschwätzer halten Sachschätzer für Klugschwätzer, aber ein Experte ist ein Normalo, der so viel weiß, dass er viel mehr dazulernen kann als einer, der viel weniger weiß. Er kann Fragen beantworten, auf die du nie kommen würdest, aber nichts, was du gern fragen möchtest.

Nur der Experte kann mir beweisen, dass ich die richtigen Fragen noch weniger weiß als die richtigen Antworten darauf. Demokratie ist der zweifelhafte Versuch der Laien, der unbezweifelbaren Überlegenheit des Experten nicht unterlegen zu sein. Wer etwas zu wissen glaubt, liest die Fachliteratur dazu u. u.

Demokratie heißt : Dummheit ist gewöhnlich Spezialistin für Wissenschaft, Bosheit spielt die Expertin für Moral und Ethik, der aufgeklärte Heide gibt den Fachmann für Religion und Theologie, der Verbrecher ist Experte für Recht und Gesetz, der Banause für Kunst, der Feigling für Militärwesen usw. für jedes „eigenlogisch ausdifferenzierte soziale Subsystem" *(Niklas Luhmann)*.

Die weitverbreiteten Ressentiments gegen Fachleute allgemein sind dieselben wie gegen Intellektuelle, die Spezialisten für alles und nichts. Früher hießen Experten „Gelehrte", die ihr Mundwerk als Kunstwerk besser beherrschen als jedes Handwerk des Fußvolks. „Gelehrte sind glückliche Menschen", schrieb *G. K. Chesterton*, der nur Intellektueller war und Experte für gewöhnliche Sterbliche, und diese sind ja unglücklich auch darüber. Sachverständige verstehen eben ihr

Fach und sich auf Verstehen und Verstand. Sie wissen über etwas alles, was die Menschheit bisher darüber weiß. Ich weiß nur, dass ich nicht einmal weiß, was ich alles niemals wissen werde.

Wissenschaften sind eine Sache von Herrschaften und ihren Machenschaften und Seilschaften, nicht nur von Leidenschaft für die Leidenschaftslosigkeit des Blicks auf die Welt. Sie ist spezialistisches Herrschaftswissen über die grüne und menschliche Natur, wenigstens eher als ein alldemokratisches Emanzipationswissen. Aber es sind nicht nur Demokraten gegen Expertokraten zu verteidigen, sondern gleichzeitig auch Gelehrte wie Intellektuelle gegen die üblichen Ressentiments des *gesunden Menschenverstands* und Volksempfindens von arroganten Dilettanten, deren Eitelkeit sich durch Ratio plus erprobter Sach- und Fachkenntnis schon verletzt glaubt.

„In ihrer Jugend lesen sie Bücher; heiratet jemand, so gibt er das Lesen auf." – "Die sozialistische Lehre klingt schön im Mund von Reichen." *(S. Agnon)*

"Wer Verstand im Schädel hat, rettet sich, hat er keinen, ist er nicht zu retten : Wie man sich rettet? Man steht früh auf, geht ins Lehrhaus, hüllt sich in seinen Gebetsmantel und schweigt." "Er war ein etwas wunderlicher Mann; er teilte die Freuden anderer nicht und nicht ihre Trauer; er blickte auf keinen Menschen und lud keine Freunde ein."

„Tochter, ich lehre dich Bücher zu lesen; wenn eines Menschen Welt sich ihm verfinstert und er liest ein Buch, erblickt er eine andere Welt. Blume hat weder Reichtümer noch Besitz. All Blumes Stärke sind ihre Hände, und die hat sie an andere vermietet. Aber ihre Seele ist frei. Ihre Seele schweift herum in Welten, in Freiheit."
(S. J. Agnon : „Eine einfache Geschichte")

Kopflage, Standbein und Sitzfleisch

Wer nichts beweist, beweist zu viel, wenn er sagt, der Mann sei taub ohne die Augen seiner Frau, die blind sei ohne die Ohren ihres Mannes. Wenn er breiter als hoch geworden ist, hängt sie ihm den Brustkorb höher, aber zwischen Leichtsinn und Schwermut gibt es immer noch die Großmütigkeit der Kitzekleinmütigen. Wenn Furcht droht, sage ich mir : Ehre der Ehrengebühr, denn Demut ist das schärfste aller Mikroskope. Will sagen : Als das Mikroskop erfunden war, wurde die Demut überflüssig, die sich verkleinert, um alles andere zu vergrößern. Wer noch an Trinität glaubt, wenn zwei der drei Personen Gottes verreist oder verstorben sind, ist deshalb noch kein Christ. Du kaufst dir einen Hut, damit ich denke, daß du einen Kopf hast. Ich kaufe mir keinen Hut. Sonst denkst du noch, dein Köpfchen wäre nur ein Hutständer. Was ich auch tue, zweimal macht schon süchtig. Unerfahren kommt mit den Jahren. Bist du unerfahren, dann ist deine Sache verfahren, und dazwischen ist nicht viel. Deine Eitelkeit, lieber Santayana, ist moralischer als deine guten Werke. Nimm nicht, wie's nicht kommt, es kommt ja nicht, wie du's nehmen würdest. Du hast von Plato eine Idee : Knie dich raus aus der Materie. Des Rehes Wesen ist kein Reh. Das Materielle ist ein notwendiges Übel : Der eine hat es nötiger, dem anderen wird davon übel. Was den Stoff betrifft, er bringt dich in Form. Der Stoff betont die Formen, die Umgangsformen sind verstopft. Der Mensch ist das einzige Wesen, bei dem der Stoff die Körperformen umhüllt. Sonst umhüllt die Form umgekehrt den rohen Stoff, wenn der Akt mit der Potenz ein Kindchen zeugt im Monat Lenz.

Vor der Hintertür und hinter der Vordertür steht ein Mann, der hat was an —· sich, das geht auf keine Kuhhaut. Blinzelt in den Mond, zeiht sich der Sünde und zeigt mir die Sünde, und der alte Weh-Nuss-Knacker geht um, geht um mich herum und denkt sich einen. Wer A sagt, hat A nicht verschwiegen, und wo Kopf ist, da ist kein Adler, lieber Junge, es ist schon aller Feiertage Feierabend. Aberglaube, Aberliebe, Aberhoffnung sind aber aberwitzig. Wer Aster sagt, muß auch Bester sagen. Ich konkurriere mit mir und verliere. Übertreffe ich mich, oder falle ich hinter mich selbst zurück? Ich hoff, ich werde alt – aber nicht so bald. Wehrtet den Anfängern! Der Einäugige hat deshalb nicht zwei Münder oder zwei Köpfe. Wie kann ich etwas mitteilen, wenn ich es mir nicht angeeignet habe, widerrechtlich oder nicht? Seit wir den Himmel auf Erden haben, ist die Erde in den Himmel geschossen, und die Mauer zwischen den Sprachen ist höher als die Mauer zwischen Sprache und Wirklichkeit. Ich muß ja damit leben, daß du nicht damit leben kannst, und du kannst nicht damit leben, daß ich damit leben kann. Der elitäre Kampf gegen die Eliten ist ein kitschiger Kämpf gegen den Kitsch.

Er wollte nicht Menschen durch ihre Ideen hindurch treffen, sondern umgekehrt nur Ideen durch die Menschen hindurch. Wer Menschen verletzt, hat es nicht geschafft, ihre Ideen zu bekämpfen. Popper ließ Ideen sterben, um Menschen zu schonen. Das Wüten gegen die eigene Unzulänglichkeit ist nicht das beste Mittel, ein Meisterwerk hervorzubringen, aber der Stolz, für eigenes Versagen eher sich selbst als andere verantwortlich zu machen, entschädigt manchen für sein Versagen. Ist Selbstüberschätzung produktiver als realistische Abschätzung eigener Kräfte?

Der Aktivist

Er gilt als politisch engagierter Mensch, er setzt sich ein für unterdrückte Minderheiten, er macht auf sozial. Daß ich nicht lache, ich kenne ihn gut genug. Seine armen Minderheiten, die Mühseligen und Beladenen, benutzt er doch nur, um sich an ihnen zu profilieren, der alte Wichtigtuer. Er tut einiges für sie, ja, doch, unbestritten, aber doch nur, weil das die einzige Möglichkeit ist, etwas für sich selbst zu tun. Und das macht es zweifelhaft, ob das diesen nützlichen Minderheiten wirklich nützt. Er hat so edle und uneigennützige Absichten, aber die bösen Rivalen in der eigenen Partei verkennen ständig seine Motive, werfen ihm noch Knüppel zwischen die Beine, statt geschlossen hinter ihm zu stehen. Man wagt ihn der egoistischen Machtrempelei zu verdächtigen, ihn, der Zeit und Kraft opfert, um sich für andere einzusetzen. Unglaublich! Es ist unerhört, was hinter seinem Rücken getuschelt wird. – (Er glaubt sich selbst. Er nimmt sich seine eigene Märtyrerrolle selbst ab, er tut nicht nur so für andere, ehrlich. Wir geben ja wenigstens unter vier Augen zu, daß wir auch ein bißchen in die eigene Tasche wirtschaften, nicht wahr? Was ist dabei, man darf es unter Eingeweihten zugeben. Um überhaupt an Staatsgelder heranzukommen, muß man auch anderen ein gewissen kleineren Teil zukommen lassen, das ist doch selbstverständlich. Aber der glaubt ja seiner eigenen Propaganda, der fällt auf sich selbst herein und ist tief gekränkt, wenn er daran erinnert wird, daß ihm das da niemand abnimmt.) Er ist dauernd fix und fertig, er reibt sich auf für die Partei und ihre Ziele. Was ist der Lohn? Schmutzige Verdächtigungen aus den eigenen Reihen, Mißgunst über seine Erfolge, Intrigen von Heckenschützen aus dem eigenen Lager. Man neidet ihm das Vertrauen, das er bei den Minderheiten genießt, auf deren Festivitäten er sich feiern läßt, wie es bösartig heißt. Da tanzt er dann mit den hübschen Weibern der Gastarbeiter, nimmt sich die besten Türkenmädel, deren Eltern ihm so viel verdanken, und sonnt sich im Glanz dessen, was er für sich und seine Klientel herausgeholt hat. Unterstellt wird ihm, daß er das alles für sich selbst tut, er, der einzig Edle unter so viel Schurken und Fallenstellern, die ihn zu unterstützen scheinen und bei der nächstbesten Gelegenheit in die Pfanne hauen, um die Früchte seiner aufopferungsvollen Bemühungen zu genießen und sich bei den Türken einen weißen Fuß zu machen; er ist ja so sensibel, das hält er nicht aus, er, der sich für die Sache abrackert, er hält das nicht mehr aus, er wirft den ganzen Kram hin. Sollen sie doch sehen, wie sie ohne ihn klar kommen, bitte, er drängt sich nicht auf. Wer nicht will, der hat schon. Er kann auch ohne sie, aber ob sie auch ohne ihn so gut zurechtkommen, wie sie immer tun, das muß sich erst noch zeigen. Er will nicht die beleidigte Mettwurst spielen, aber was recht ist, muß doch recht bleiben. Eigentlich haben die eigenen Leute ihm nur Steine in den Weg gelegt. Er will weiß Gott keinen Dank und keine Blumen. Das hat er nicht verdient! — Es ist nicht die Parteiarbeit, die ihn fertigmacht, das macht er gern, aber wenn die eigenen Kollegen meinen, diese ungeheuerlichen Verdächtigungen, er wird sich nicht herbeilassen, auf dieser Ebene zu diskutieren, er, der doch immer so ...

Müllwerker sollten mehr verdienen
als wie die Warenproduzenten.

Ab- und Ein- und Ausbruchstücke

Die Freunde Apel und Habermas skizzierten die allgemeinsten Bedingungen, die eine jede Auseinandersetzung erfüllen muß, welche den Anspruch erhebt, vernünftig zu sein. Die Diskursbeiträge müssen konsensfähig sein und jedem Diskursteilnehmer den freien Zugang zum Diskursaustrag erlauben und ermöglichen. Aber wie, wenn nun die ganze schöne Kommunikationstheorie der Wahrheit vor allem die Funktion erfüllt, erst einmal zu verschleiern, daß die zehn Gebote des Alten Testaments eben nicht die universellen Voraussetzungen jedes sinnvollen Diskurses sein sollen? Diese Zehn Gebote gelten den Diskursformalisten als bereits zu substanziell vorbelastet, um die allgemeinsten Rahmenbedingungen vernünftiger Streitgespräche und auch demokratischer Verhandlungen spielen zu können. Man sagt, sie enthalten leider bereits jene substantiellen Vorentscheidungen, die gerade erst zum Gegenstand von Diskursen zu machen wären, statt voraussetzt zu werden. Ist das mosaische Gesetz ein sinnvoller Gegenstand freier Diskurse oder die notwendige Prämisse aller sinnvollen Diskurse, die als vernünftig gelten können? Drehen wir es um : Wie, wenn mit dem Dekalog die Logik und nicht der Gegenstand jedes vernünftigen Diskurses bereits vorweggenommen wäre? Was heißt das?

Wer miteinander streitet, hat gleichsam schon unterschrieben, daß er dem Kombattanten des Gespräches weder nach dem Leben noch nach dem Lebensgefährten trachtet, weder nach seinem Ruf noch nach seinem Besitz und weder nach seiner Freiheit noch nach seiner Menschenwürde. Seine Eltern ehren, um von den eigenen Nachkommen geachtet werden zu können, heißt dann auch, die Eltern der Eltern zu respektieren, d.h. die Gleichheit der Herkunft aller Menschen aus derselben Menschenfamilie. Die Diskursteilnehmer sind miteinander verbunden durch Bindung an ein gemeinsames Prinzip und Geschwister derselben Weltfamilie.

Die drei ersten Gebote verbieten die Verfälschung freier Diskurse zwischen den Menschen durch Herrschaft von Menschen über Menschen. Herr und Knecht können keinen vernünftigen Diskurs führen, der nicht die Aufhebung dieser Herrschaft implizierte. Geld und Macht stören und zerstören das freie Spiel der Argumente durch das freie Spiele der Kräfte. Gott wird das Prinzip genannt, welches der Herrschaft von Menschen übereinander Herr wird. Wenn Gott Mensch würde, wäre die Herrschaft von Menschen über Menschen nur verewigt, statt Herrschaft über alle Menschenbeherrschung zu sein, also menschliche Selbstbeherrschung. Untertan seien die Menschen nur diesem einen Prinzip, Untertanen weder zu sein noch zu haben. Und ich soll Ebenbild dieses Prinzips sein, statt es zu meinem Ebenbild zu machen; es soll die regulative Idee unserer Umgangsformen abgeben, statt selbst dem freien Spiel menschlicher Kräfte ausgesetzt zu sein. Es ist Herrschaft über Menschen nur in dem Sinne, daß es Herrschaft über ihre Herrschaft übereinander ist, und den Namen Gottes mißbrauchen heißt, sich auf das Prinzip berufen, um das Gegenteil dessen damit zu erreichen, was es fordert, d. h. um Menschen damit zu beherrschen. Aber das AT enthält neben dem Dekalog noch Beschneidungs-, Speise- und Reinheitsgebote, die ebenfalls zu den notwendigen Voraussetzungen freier und gleicher Diskurse gehören.

Menschen, die in den Mutterleib zurückdrängen, aus dem sie kommen, können sich nicht brüderlich einigen. Sich beschneiden zu lassen heißt, nicht wieder zurück zu können. Um Brüder zu werden, müssen Menschenkinder gemeinsam Verzicht tun auf den Besitz der geliebten Mutter, und dieser gemeinsame Verzicht aus Angst vor ihrem Vater ist nach Freud die Grundlage jeder Moral. Die Brüder verzichten gemeinsam auf die Rückkehr zu jener Mutter, um deren willen sie gemeinsam ihren Vater erschlagen haben, der in ihren Schuldgefühlen ständig göttergleich wieder aufersteht. Wer sich beschneiden läßt, achtet das Inzesttabu und setzt sich der Kastrationsdrohung aus, ohne unter den Rock der Mutter Natur zurück zu kriechen. Der Schoß der Mutter wird zum Grab für das Menschenkind,

18

das nicht zu Ende geboren wird. Die Speisegebote achten die Schranke zwischen Leben und Tod, da wir so wenig in den Mutterleib zurücksollen wie in die tote Mater-ie. Wir sollen uns nicht von Aas ernähren und nicht von Tieren, die von Aas leben. Zu achten sind die Schranken zwischen Mann und Frau wie zwischen Eltern und Kindern, zwischen den Arten des Lebendigen und zwischen Lebendem und Totem.

Der Mensch erstickt und verwest im Mutterleib der Natur, wenn er nicht heraus ins Freie kommt, ans Licht der Welt und der Vernunft. Die Reinheitsgebote verbieten die Befleckung des Lebenden mit Totem und die Vermischung der Arten wie der Geschlechter, von Gott und Mensch gar nicht zu reden.

Die heute so schmerzlich vermißte Verbindlichkeit allgemeinster Regeln der Auseinandersetzung der Menschen miteinander wie mit der Natur sind darin enthalten. Die Natur der menschlichen Natur ist die grüne Natur und umgekehrt. Auseinandersetzung, die weder übers Ohr hauen noch in Mord und Totschlag enden will, findet statt im *Auseinander* von Raum und Zeit. Die Innenwelt des Menschen betritt die Außenwelt und wird selbst Außenwelt für die Innenwelt anderer. Menschen entstehen leibhaftig Auseinander und leben dann leibhaftig außerhalb voneinander : Kein Mensch soll wieder in den Menschen zurück, aus dem er kommt, sondern sich mit einem Menschen des anderen Geschlechts verbinden.

Karl-Otto Apels *Universalpragmatik* ist vor diesen fundamentalen Prinzipien nur ein sehr unpraktischer Universitätsdiskurs. Sich mit anderen zusammensetzen, um sich mit ihnen auseinanderzusetzen, setzt die Ur-Auseinandersetzung bereits voraus : Das Menschenkind ist aus Mutter Natur immer schon herausgesetzt, a point of no return. Wer im Mutterleib bleibt, muß sterben, also wird der Tod phantasiert als Rückkehr in den Mutterleib, in dem erstickt, wer ihn nicht zeitig verläßt. Nach etwa neun Monaten verlassen wir die Mutter, nach etwa neunhundert Monaten das

Leben. Die Ur-Auseinandersetzung ist die Ausdifferenzierung von Menschenkind und Mutter Natur aus ihrer frühen Symbiose. Hinzu kommt später, um die geistige Geburt zu vollenden, die Auseinandersetzung mit dem Vater, der sich mit der Mutter ineinander setzt.

Diese Auseinandersetzung im Dienste der Einigung ist der Ödipuskomplex im Dienste der Exogamie. Der Ur-Konsens ist der von Mann und Frau und Eltern und Kindern im familiären univers of discourse, und der Ur-Konsens der verschiedenen Geschlechter wird abgeleitet vom Urkonsens mit dem gemeinsamen Gott. Wir kommen überein, gemeinsam aus demselben Ursprung herzukommen, also blutsverwandt zu sein, statt in Rassen auseinanderzufallen mit edler oder gemeiner Abkunft. Alle Menschen sollen Brüder sein, aber nicht wie Kain und Abel : Kain erschlägt Abel im Namen Gottes und bleibt unter Gottes Schutz. Niemand darf ihn erschlagen, ohne daß deshalb der Brudermord gerechtfertigt wäre.

Die Franzosen sind einig im Dissens, die Deutschen sind uneins über ihre Konsenstheorie der Wahrheit. Hegel und Marx sahen die Menschwerdung im Arbeiter. Arbeit ist für Hegel die Einheit von Differenzieren und Integrieren : Der Begriff differenziert sich selbst bis in die unter ihn fallenden Individuen, und diese Individuen integrieren sich selbst zu ihrem eigenen Oberbegriff. Begriffe und Individuen transzendieren sich ineinander und verwirklichen sich selbst, indem sie ineinander übergehen. Adorno zeigt, was passiert, wenn der Geist sich mit der Macht einläßt und die Macht sich geistig legitimiert. Die Vernunft wird dann selbst jene Gleichmacherei, die sie eigentlich bekämpft, und die allgemeine Gleichschaltung aller steht als vernünftig da. Nichtidentitätsdenker Adorno skizzierte einen Begriff von Geist, der sich nicht mit der Macht gleichschaltet, aber leider konnte er diesen Geist nur in den Geisteskranken sehen und in der entgeisterten Begeisterung für den eigenen Körper.

„Existentiell" sollte erst einmal extra-uterin hei-
ßen. Der Mensch ist zu denken als physiologische Frühge-
burt, die den Mutterleib verläßt, bevor sie ein instinkt-
sicheres Tier werden kann. Darin liegt Glanz und Elend des
Menschen beschlossen. Sartres 'Verurteilung zur Freiheit'
vom Schoß der Mutter Natur zielt auch auf diese intellektuelle Überkompensation des Instinktdefizits ab. Der Nest-
flüchter Mensch : Die kulturelle Kompensation des Natur-
defizits wird zur zweiten Natur des Menschen. *Arnold Geh-
lens* lnstitutionalismus wollte Freiheit vom Uterus für insti-
tutionelle Uterus-Substitute statt Befreiung von Uterus und
Uterus-Surrogaten zugleich. Heideggers 'Eigentlichkeit'
wollte den bloßen Wissenschaftler und Spießer zugleich
hinter sich lassen, der im *Besorgen des Zuhandenen* oder
im 'theoretischen Blick auf das nur noch Vorhandene' auf-
geht, aber die Welt des 'Man' ist die des Intellektuellen, der
er ist und nicht sein möchte : Gerede, Neugier und Zweideutigkeit denunzieren den Geistesarbeiter. Heidegger will
sich zwischen Geburt und Tod nicht primär von Werkzeu-
gen und Lebensmitteln her verstehen, sondern aus der Freiheit davon und für sich selbst. Aber aus diesem Selbst ist
alles Natürliche verbannt, so daß Mutter Natur, das Sein der
'Physis', dann ungehindert eindringen kann.

Heidegger ist 'verfallen' an Mutter Erde und nicht
an handgreifliche Dinge. Zwischen Heidegger und Conrad-
Martius liegt Plessners 'exzentrische Positionalität'. Die
Naturphänomenologie von Conrad-Martius sucht vergeblich den Alltagsrealismus *nach* (und nicht *vor*) aller Naturwissenschaft. Sie muß alltagsanschaulich erst gedeutet
werden wie die moderne Naturwissenschaft selbst, sie ist
psychopoetische Vision.

Wenn das *Verzeihen*, die moralische Vorstufe der
religiösen Vergebung, nur die Antagonismen zwischen
schöner Seele und bösem Tatmenschen integriert, dann
reintegriert der Staat die bürgerlich differenzierte Gesellschaft zum *System der Bedürfnisse*. Der sich entfremdete
Geist der Bildung ist der Geist der zerrissenen bürgerlichen
Gesellschaft. Der Staat verhält sich 1820/30 bei Hegel zur

bürgerlichen Gesellschaft wie die *Moralität* 1807 zur 'Aufklärung', wie das deutsche Gewissen zu den Gewißheiten der französischen Bildung. Die Moral verhält sich zur Philosophie wie der Staat zur Religion. In den gedankenreichen, doch tatenarmen Urteilen der *schönen Seele* über die Welt der Täter lebt das *zerreißende Urteilen* der Aufklärer wieder auf, in Fräulein von Klettenberg ist Rameaus Neffe hochmoralisch geworden. Beide aber handeln nicht.

In gewisser Weise, sagt Hegel, habe sie sich dem philosophischen Selbstbewußtsein mehr genähert als die Vorstellungsgestalten der Religion, schreibt Findlay über die schöne Seele, die im *absoluten Wissen* noch einmal wieder auftaucht. Was hat die schöne Seele eigentlich den übrigen unrealisierten Abstraktionen voraus? Nach Hegel ist der alttestamentarische Gott zu hoch über der Welt und der christliche Gott zu tief in der Welt verloren. Jehova ist zu abstrakt, Christus zu singulär, um uns mit ihnen zu identifizieren. Moral reicht gegen die Aufklärung so wenig aus wie Religion gegen die bloße Moral. Philosophie wird Staatsphilosophie : Staatsbeamte rechtfertigen Vater Staat gegenüber der gesellschaftlichen *Bildung* von Voltaire, Montesquieu, Rousseau etc. Hobbes besiegt Locke.

Altes Testament und deutsche Philosophie :
Moses, Platon, Kant und Cohen

Der Wille, wenn er frei ist, gibt sich sein eigenes Gesetz, und wenn er sich dieses Gesetz nicht gibt, ist er den irrationalen Launen seiner Willkür unterworfen. Tu was du willst, doch was du auch tust, tu es so, daß du es auch tun könntest, wenn es alle täten. Handle allgemeingültig! Achte die Menschheit in deiner Person und behandle Menschen nicht nur als Mittel und Objekte, sondern jederzeit zugleich auch als Ziele und Selbstzwecke, sagt Kant. Jesus sagt nach Matthäus 7, 12 ganz dasselbe : " Alles nun, was ihr wollt, daß euch die Leute tun sollen, das tut ihnen auch! Das ist das Gesetz und die Propheten." Die Geschichte ist bekannt: Ein Mann kam zum Lehrer Schammai und bat ihn, die fünf Bücher Mose so zusammenzufassen, daß einer sie auf einem Bein stehend anhören könne. Schammai warf den Mann hinaus, der darauf zum milden Hillel ging und dieselbe Bitte vorbrachte. Hillel tat ihm den Gefallen und gab eine Kurzfassung der Thora, die aus dem Gebot der Gottesliebe und der oben von Jesus zitierten Goldenen Regel menschlichen Zusammenlebens bestand. – Was bei Hillel nur eine freundlich didaktische Kurzfassung war, wird bei Christus zum Gesetzersatz. Die Christen reduzieren seit Leib- und Weibverächter Paulus das Gottesgesetz auf die „Goldene Regel", die im Liebesgebot steckt. "Liebe deinen Nächsten, er ist wie du." : Erkenne dich selbst im andern und diesen andern in dir wieder (an), wie Hegel sagen würde. Jesus ist nicht gekommen, das Gesetz aufzuheben, sondern es zu erfüllen, aber das Gesetz besteht für Christen nicht mehr aus Speisevorschriften, Beschneidung und anderen leibhaftigen Details, sondern nur noch aus Hillels Goldener Regel im Liebesgebot. In seinem Sittengesetz hat der deutsch-protestantische Chefaufklärer Kant diesem Gesetz Gottes seinen bisher strengsten Ausdruck gegeben. Die Gegner Kants sind auch die Gegner des biblischen Geistes, wenn sie die Autonomie darin sehen, ihren sinnlichen ‚Neigungen' nachzugeben, und nur das Vernunftgesetz befolgen, wie ein Befehl von oben sie unterwirft. Wer Kants 'formalistischen Rigorismus' nur aufweichen will, haut Kant und meint die Bibel. Kants Nachfolger haben schon nicht mehr das Alte Testament, sondern nur noch das Evangelium des Neuen Testaments auf den philosophischen Begriff gebracht. Der Existenzialismus wollte im Vernunftgesetz nur noch heteronome Behinderung individueller Selbstbestimmung sehen. Kants Vernunftgesetz ist ein subjektives und abstraktes Destillat des göttlichen Gesetzes, die deutsche Aufklärung ruht auf dem Fundament der Thora. Der Neukantianer Hermann Cohen sah seine Vaterreligion gut aufgehoben in der klassischen deutschen Philosophie, bis der Antisemitismus seiner Umgebung ihn im Alter dazu brachte, das Gesetz Mose nicht mehr auf Kants Vernunftgesetz zu gründen, sondern umgekehrt die "Religion der Vernunft aus den Quellen des Judentums" abzuleiten. Einerseits sah Cohen, daß die Thora mehr war als nur die im christlichen Liebesgebot und im Kategorischen Imperativ Kants kulminierende Goldene Regel Hillels, andererseits konnte sein Kantianismus in Gott weder den persönlichen Bundesgenossen noch das Metaphysikum sehen, sondern nur die *regulative Idee* sittlicher Selbstvervollkommnung des Menschen. Als Vorläufer Kants galt ihm nicht nur Moses, sondern auch und vor allem Plato. Cohen verstand Kant griechisch vom mathematischen Mystiker Plato aus. Sein Rationalismus ging ja bis zum mathematischen Idealismus: Kants 'Ding an sich' sei nur eine Idee permanenter Annäherung, ein logischer Grenzbegriff und Grenzwert mathematischer Berechnung. Das Denken erzeuge und berechne alle Gegenstände bis auf infinitesimale Grenzwerte. Cohen warf Kant vor, nicht kantisch genug gedacht zu haben. Wäre Kant konsequent gewesen, hätte er nach Cohen den gesunden Menschenverstand als Organ des mathematischen Integrierens erkennen müssen und die sinnliche Erfahrung als Leistung des mathematischen Differenzierens. Cohen sah Kant als philosophischen Begründer der mathematischen Naturwissenschaft, der zu viel Hume und zu wenig Leibniz in sich gehabt habe. Aber Moses, Platon und Kant konnte er in seinem Alterswerk nicht mehr auf einen Nenner bringen. Die allgemeine Form der Vernunftgesetze sah Cohen bei Kant formuliert, den individuellen Inhalt sah er nur bei Moses genannt. Erst hatte der Platoniker Kant alles empirisch konkrete Fleisch aus dem Gesetz verbannt mit seiner Verachtung von Leib und Weib, dann sollte Moses es wieder herbeischaffen. Die 'bloße Achtung vor dem Gesetz' und die Gebote aus der persönlichen Liebe zu Gott waren nicht mehr ohne Gewalt zusammenzubringen, nachdem Plato sich zwischen Kant und Moses gestellt hatte. Salomon Maimon und Hermann Cohen waren die authentischen Nachfolger Kants, der das Vernunftgesetz im göttlichen Gesetz entdeckt .hatte, die Selbstgesetzgebung der Vernunft. Leider sah Maimon in Kant den Leibnizianer, leider sah Cohen in Kant den Platoniker, aber den Philosophen des Alten Testaments sahen beide in ihm.

Hegels Dialektik begreift jeden Gegenstand als ein Paradoxon, d.h. als eine *coincidentia oppositorum*. Adorno kritisiert daran nicht, daß in einer antagonistischen Gesellschaft jede These ihre Antithese an sich habe, sondern daß sie schon Synthese dieser Antithesen sein soll. Die Aufgabe der Philosophie sieht Hegel darin, Paradoxien in Wohlgefallen aufzulösen und die Zerrissenheit des Zeitgeistes zu heilen, Adorno hingegen in der Verschärfung der Paradoxien, in die jedes Paradigma sich systematisch verstricke. In jeder wissenschaftlichen (Hypo-) These sei die bis zur Antinomie verschärfte Antithetik hervorzutreiben, deren positivistisch geglättete Synthese sie darstelle. Hegels System erlaubte es aber überhaupt erst, daß Kierkegaard die christlichen, Marx die kapitalistischen und Sartre die existenzialistischen Aporien formulieren konnten. "Das Christentum, der erste Erfinder der Paradoxa," besiege Hegels "Spekulation, die sich das Paradoxe ausredet", sagt Kierkegaard in der "Krankheit vom Tode" und schreibt in "Furcht und Zittern" : "Das Paradoxon des Glaubens ist somit dies, daß der Einzelne höher ist als das Allgemeine ... daß die Innerlichkeit höher ist als die Äußerlichkeit ... und die ungerade Zahl vollkommener ist als die gerade." "Dies Paradoxon läßt sich nicht mediieren." "Diese Liebe zu Isaak ist es ja, die durch ihren paradoxen Gegensatz zu seiner Liebe zu Gott Abrahams Liebe zu einem Opfer macht." "Sobald der Einzelne in das Paradoxon hineingekommen ist, kommt er nicht zur Idee der Kirche." Melancholiker Kierkegaard muß "entweder im dämonischen Paradoxon verdammt oder im göttlichen erlöst werden". "Das Lindernde der Sprache ist, daß sie mich ins Allgemeine überträgt", aber Kierkegaard will "das Paradoxon, das sich nicht verständlich machen kann". "Er handelt kraft des Absurden, ... daß er als der Einzelne höher ist als das Allgemeine." Mit Tertullians *credo quia absurdum* geht er hinter Hegel auf Kants Antinomien zurück und hält es für paradox, Seele und Gott und die Welt zu Gegenständen der Spekulation oder der Ästhetik zu machen. Er versteht es als Widerspruch, Widersprüche zu *verstehen*. Kierkegaards aphoristische Pointe besteht darin, mit einem einzigen "Satz" ins Paradox des Glaubens zu springen. Der Schöpfer aller Geschöpfe werde in Christus sein eigenes Geschöpf, ohne aufzuhören, dessen Schöpfer zu sein, und bleibe Schöpfer, ohne aufzuhören, sein eigenes Geschöpf zu sein. Kierkegaard tut so, als bestehe das Gesetz Gottes paradox darin, sich christlich aufzuheben, und seine christliche Aufhebung sei die einzige Form, es zu erfüllen. Christus erlöse alle Menschen, also auch sich selbst, also auch den, der alle Menschen erlöst ... Sokrates weiß, daß er nichts weiß, doch der Christ wisse, daß er sündig sei. Was bei Hegel unvernünftig "faule Existenz" heißt, die mit sich und ihrem Begriff zerfallen sei, wird bei Kierkegaard zur menschlichen Existenz selbst.

Der entlaufene Katholik Heidegger ist erst vom Protestanten Kierkegaard begeistert, bevor er ihn als bloß "religiösen Schriftsteller" abtut. Er säkularisiert das christliche Paradox Kierkegaards sozialistisch : Sein Entwurf einer Welt ist in diese Welt geworfen. Er entwirft nur seine Geworfenheit in die Welt und ist ins Entwerfen einer neuen Welt geworfen. Er entwirft alles außer der Tatsache, alles zu entwerfen. Also entwirft er nur, daß er gar nichts Neues entwerfen kann. Er widerspricht sich nicht mehr, sobald er "dem Seyn entspricht". Sein Schüler Sartre mystifiziert die existenzialistische Mystik weiter : Der Mensch, "zur Freiheit verurteilt", ist nicht das, was er ist, und ist das, was er nicht ist.

Für Marx liegt das Paradox in der privaten Aneignung des gesellschaftlich Erarbeiteten. Die menschliche Selbstentfremdung liege nicht schon in der Selbstvergegenständlichung des Geistes, sondern erst in der Enteignung seiner objektiven Entäußerungen. Das materielle Leben setze erst den Geist, von dem es paradox gesetzt werde.

Wenn der Kapitalismus die Negation des Feudalismus war und der Sozialismus die Negation des Kapitalismus, dann hat der Sozialismus als Negation dieser Negation sich heute wieder als synthetischer Feudalismus hoch zwei entpuppt. Vom Begriff aus ist das Wirkliche vernünftig und die nackte Existenz paradox.

Die einzige Metasprache besteht für dich darin, deine Welt von außen mit den Augen eines anderen zu sehen. Jeder ist die Metaphysik des anderen, und die beste Metaphysik ist das, was der Liebende für den Geliebten ist.

Salomon Maimons "Nichtsystem" sah das System nur als provisorisch pragmatische Fiktion, um Neues entdecken und erfinden zu können. Ideen sind keine Kategorien der Erkenntnis, sondern Prinzipien der Forschung.

Der paradoxe Sinn im Widersinn besteht darin, daß Hegel These und Antithese mit Leibniz beide für wahr und ZEN sie beide für falsch hält.

Hegel bewegt sich (im spekulativen Satz) durch die Extreme hindurch, ZEN aber (im negativ unendlichen Urteil) unter sie hinweg.

Menschliche Freiheit ist die Notwendigkeit, der die Notwendigkeit selbst unterworfen ist, und das Schicksal, das sich das Schicksal selbst bereitet.

Manifest : Solange die Wissenschaften eine Sache der Herrschaften sind und die Künste eine Sache der Nebelwerfer, bleibt der Essay aus Fragmenten und Aphorismen die literarische Form der Wahl. Vom sokratisehen Plato holt er sich das dialektische Raffinement, von Aristoteles die Logik. Die Renaissance kann die literarische Kultur humanistischer Sophistik beisteuern, die antike Prägnanz des Stils und die lichte Klarheit des Räsonnierens. Aus dem scholastischen Mittelalter holt er sich die Feinheit der begrifflichen Distinktionen, aber Mystik, Dialektik und Romantik tragen dazu bei, jeden Gegenstand als coincidentia oppositorum zu verstehen. Vom Barock bezieht dieser Essay der Zukunft das formtreue *Concetto* und die *ars combinatoria inveniendi* von Leibniz. Vom Rokkoko zwischen Kant und Voltaire fließt zierliche Eleganz dazu, die klassischen Idealisten mischen deutschen Esprit hinein. Der nachmarxistische Proletarismus ohne Sozialismus ist da so unumgänglich wie der Individualismus der Existenzphilo-

sophen, das analytische Besteck Freuds so unentbehrlich
wie die dialektische Reflexionsmethode Hegels. Die Ent-
larvungspsychologie von Nietzsches Machtwillen sieht
noch in der christlichen Demut den Machtwillen. Und die
positivistische Objektivität der Naturwissenschaft prüft nur
das alttestamentarische Naturgesetz der Väter. Ist die Naturwissenschaft in der Verdeckung der menschlichen Natur
weiter gekommen als in der Entdeckung der Natur überhaupt?

Habe nun ach ... Goethes Faust hat alles studiert
und will endlich leben. Wenn einer nach langer Gelehrten-
laufbahn nichts Besseres weiß, als alle Bücher wegzuwer-
fen und einem Weiberrock nachzurennen, fühlen sich alle
bestätigt, die mit dem Rockzipfel angefangen haben und nie
davon losgekommen sind. Warum wählt Faust, Famulus
Wagner als Schürzenjäger, den Umweg über Bücher, um
Helena in jedem Gretchen zu sehen, fragen sich alle, die nie
den Umweg übers Weib genommen haben, um ausgerechnet an verstaubte Bücher zu geraten. Künstler Tasso buhlt
gegen Spießer Antonio um die Gunst des Spießerkönigs,
der Antonios Leistungen braucht und sich mit Tassos Leistungen nur schmückt. Er hat den Verdacht, daß auch die
edlen Frauen die Muskeln Antonios mehr lieben als den
Kopf Tassos. Thomas Manns 'Bürger und Künstler' fühlen
sich voneinander verachtet, und der Künstler muß den Bürger anerkennen, wenn er von ihm anerkannt werden will.
Warum sagt Tasso, Antonios Leistungen seien Antonios
Verdienst, Tassos Leistung aber nur ein unverdientes Na-
turgeschenk?

Vernunft, Urteilskraft und Einbildungskraft als
gemeinsame Wurzel von Verstand und Sinnlichkeit : wie
stehen sie alle zueinander und zum Geist Gottes?

Das Problem wächst mit dem Abstand vom Idealismus des Individuums und dem Individualismus der Idee.
Kants Sittengesetz sagt auch, daß jeder Mensch nicht nur
als Selbstzweck, sondern immer zugleich auch als Mittel zu
behandeln sei.

Ich sehe, daß ich dich sehe und daß du mich siehst, d.h. ich sehe, daß ich deinen Blick und du meinen Blick siehst. Du siehst, daß du mich dich sehen siehst und ich dich mich sehen sehe. Ich sehe mich einen anderen sehen, der mich sieht - oder besser einen, der ihn sehen sieht ... usw. Wen und was sehe ich noch, wenn ich das alles mitsehe? Kurz: Ich brauche Gründe, um auf einer bestimmten Stufe stehen zu bleiben, wenn mein Blick auf dich keine unendliche Spiegelung von Spiegeln sein soll. Wenn ich urteile, urteile ich nicht darüber, daß du mein Urteil über dein Urteil beurteilst – oder doch? Gibt es also niemanden, den mein Selbstbewußtsein sich bewußt machen kann? Kants Paralogismus der Vernunft? Sieht ein menschliches Subjekt sich selbst objektiv, wenn es sich ein subjektives Bild von sich macht, oder sähe es sich gerade subjektiv, wenn es die objektive Wahrheit über sich sagen würde?

Mit dem, was ich erkennen will, muß ich entzweit sein, ohne daß es ganz hinter mir liegt. Kants *Ding an sich* ist alles, womit ich nicht eins und einig bin. Objektivität des Verstandes wächst mit dem Abstand vom Gegenstand, bis er verschwunden ist, aber Selbstbewußtsein setzt immer Selbsttäuschung voraus.

In den "Pensées" bestand Pascals *esprit de finesse* (ordre du coeur) nicht in Gefühlsduselei, sondern darin, seinen *esprit de géometrie* (orde d'esprit) gegen sich selbst zu kehren und Jesuiten mit ihren eigenen Waffen zu schlagen. Im Übrigen gibt es weniger Physiker, die kein Herz haben, als Schöngeister, die nichts von Geometrie verstehen, und viele Pascal-Leser haben beides nicht.

Ist der Teufel ein Mensch, der Gott sein will, und ist Kunst Hebammenkunst der Religion oder Götzendienst an unserem Ebenbild?

Wenn das Weltwissen zersplittern muß, dann lieber zu Aphorismen, deren jeder auf seine Weise das ganze Wissen vom Ganzen in sich wieder zusammenfaßt.

Hegels romantische Naturphilosophie, die den Geist mit sich vermittelt, ist genau deshalb keine objektive Naturwissenschaft, weil sie nur als poetische Psychologie zu retten ist. – Hier, wenn überhaupt, ist am meisten von dem durch Reflexion der Reflexion und nicht durch kruden Naturalismus begründeten „Vorrang des Objekts" zu spüren, den Adorno zurecht gegen Hegel begründete. Mythos des Ritus oder Ritus als Mythos seiner selbst? Zeremonie: Tatersatz. Gesetzeserfüllung ist selbst jene Gotteserkenntnis, die sie nicht voraussetzt.

Arbeiter, die sich vom Industrialismus ihr Heil erhoffen, sind so naiv wie Bürger, die sich davon ihr Heil nicht erhoffen, und Bürger, die Maschinen stürmen, sind so dumm wie Arbeiter, die sie nicht stürmen – und türmen.

Von eigenen Gefühlen befreie ich mich durch Gesten, die diese Gefühle bei anderen erzeugen (z.B. Angst durch Drohgebärden).

Deckerinnerung? Unsere Familie picknickte auf einer Sommerwiese. Da stieß mich Vier- und Fünfjährigen ein kleines Schaf oder eine kleine Ziege einmal mit der weichen Schnauze an, um zu spielen. Ich schrie Zeter und Mordio vor Angst und rannte weinend in die Arme meiner Mutter. Daß mein Stiefvater, der eifersüchtig auf mich war, mich dafür lauthals auslachte, blieb unvergessen. "Das gibt es nicht !" rief er immer wieder und konnte sich gar nicht beruhigen vor demütigendem Lachen, das ich noch heute in den Ohren habe. Aber das gab es : diese Heulsuse, dieses Mamakind, das war ich, das bin ich irgendwo noch heute, Mama war wütend auf ihren Mann, der so gar kein Gefühl für seinen Stiefsohn hatte. – Nimmt man diese frühe Erinnerung mit einer späteren zusammen, ist mein Bild schon fast komplett : Als er mich über eigenen literarischen Versuchen sah, sagte mein Stiefvater, daß eigene Bücher immer nur aus anderen Büchern zusammengeschrieben seien, da doch längst alles gesagt sei. – Schreibe ich noch heute Bücher, nur um ihn zu widerlegen?

Philosophie als Kampfsport ist eine Form, für die Dauer des sportlichen Wettkampfs nicht nur den Ernst des Lebens, sondern auch moralische Wertungen zu suspendieren. Sieg und Niederlage sind hier eher Schönheiten oder Flecken als Tugenden oder Laster. Der Sieger raubt dem Besiegten weder Leben noch Freiheit, Besitz noch Würde, er wird weder sein Unterdrücker noch Ausbeuter. Beide muten einander nicht mehr zu als die Bedingungen, unter denen sie ja freiwillig angetreten waren. Wer sich zu einer Kampfdisziplin meldet, willigt ungezwungen ein in Spiel- und Fairneßregeln. Er kann nicht mehr gewinnen und verlieren als gute Laune und eine Blechmedaille. Ihr Wert beruht nur auf freier Übereinkunft von Publikum und Kandidaten. Kunst unterscheidet sich von der Hochleistungsgesellschaft durch ihre Freiwilligkeit, es geht nicht um Leib und Leben und Tod, sondern um Ruhm oder Vergessen. Wer antritt, will siegen um den Preis, auch verlieren zu können, und der Erste heute kann morgen der Letzte sein u.u. Künster sind Artisten, und Kunst kommt von Können: Sie können die Kunststücke wirklich ausführen, von denen das Publikum nur träumen kann. Jede Aufführung soll Zuschauer und Zuhörer daran erinnern, daß sie diese Kunststücke auch können möchten, aber diesen Wunsch verdrängt halten müssen, um durch seine Unerfüllbarkeit nicht gedemütigt zu werden. Wer verliert, ist dazu verurteilt, Publikum der Sieger zu sein.

"Es scheint mir überhaupt keine andere Wortkunst zu geben als die des Satzes, während der Roman nicht beim Satz, sondern beim Stoff beginnt." (Karl Kraus) Ein guter klassischer Aphorismus enthält mehr innere (Gegen-)Sätze, als der modernste japanische Mikrochip Megabytes speichern kann.

Wer "gesellschaftlich aktiv und engagiert" ist, läßt sich nur vom "Zeitgeist" benutzen, und wer diesen ändern will, bleibe im stillen Kämmerlein zu Hause.

Witz in Deutschland ist nur wieherndes oder gar lächelndes Verständnis für allgemeinen Mangel daran.

Eine Kultur, die nicht vor Kriegen bewahren kann, ist wert, mit ihnen unterzugehen, sagen Tyrannen, die sich um den Arbeitsfrieden der Untertanen sorgen.

Ein Philo-Soph muß Liebhaber der Weisheit Gottes werden, und Freund seiner Tochter, der "Schechina", um kein altgriechischer Knabenschänder zu sein.

Der Abfall von der Einheit mit der Natur ist kein Abfall von Gott.

Nur von Gott aus erkennen wir, was ein Leben ohne ihn bedeutet, aber von der Welt aus nicht, was ein Leben mit ihm bedeutet.

Im Paradies verbot Gott uns zu erkennen, was ein Leben ohne Gott ist, nämlich zu töten, um nicht getötet zu werden. Der Glaube, daß Sünden gute Erkenntnismittel seien, ist unerkannte Sünde.

Die Existenz Gottes ist jene Ungewißheit, ohne die alles andere in der Welt noch zweifelhafter wird und die alle Ungewißheiten der Welt aufhebt.

Eugen Drewermann : Seit Abraham wird Schuld, was von der Paradiesvertreibung über Kain und Abel und die Sintflut bis zum Turmbau zu Babel wie notwendiger Abfall aussieht? Jakob ist „Israel", der *Gotteskämpfer*, für wie gegen Ihn? Ich kämpfe mit dir, d.h. ich kämpfe gegen dich oder zusammen mit dir gegen Dritte. Die Sünde ist der Versuch zu kompensieren, was durch sie verlorenging.

3. Antinomie : Frei bin ich vom Ganzen und bestimmt von jedem seiner Teile. Kants Imperativ : Handle so, als sei der Mensch nicht nur ein freies Subjekt, sondern immer auch ein kausaldeterminiertes Objekt.

Und was Apriorität beanspruchen darf, wird erst aposteriori entwickelt, wenn diese Aposteriorität apriori vorausgesetzt wird.

Den Wüstenwanderern erschien der *Exodus* oft als Paradiesvertreibumg.

Cogito, ergo sum : Wer nicht richtig denken kann, ist gar nicht ganz da. Wenn Descartes Recht hat, existieren seine Gegner gar nicht wirklich. Wird er deshalb heute aus allen Lagern so einmütig bekämpft?

Jeder Mensch ist eine Schlüsselperson, jedes Kinderschicksal ein potentieller Schlüssel für einen auch für Mitmenschen interessanten Weltaspekt. – Es zwingt den Menschen, bestimmte Seiten der Dinge schärfer zu sehen als andere Seiten und als andere Menschen. Jeder Künstler zwingt mich zuzugeben, daß ich nur übersehe, immer gesehen zu haben, was er sieht. Ist Wahrheit das Integral aller Sehweisen aller Menschen, die je gelebt haben und je leben werden? Wie viele haben die nur ihnen zugängliche Weltsicht mit ins Grab genommen? Sie kommt und geht mit dir – uns allen verloren. Wenn nicht jedermann einen unverzichtbaren und unaustauschbaren Scrabble-Stein der Weisen beisteuern könnte, wäre Wahrheit nur ein nichtiges Privileg von Eliten.

"Sieben Tage im Stillschweigen des Nachsinnens oder Erstaunens saßen unsere Urahnen - - und taten ihren Mund auf – zu geflügelten Sprüchen." (Hamann)

Wer schützt die Menschen vor Menschen, die die Natur mehr vor Menschen schützen als Menschen vor der Natur? Naturfreunde sind zu oft Menschenfeinde.

Bundesverpassungsgericht. Die Gesellschaft macht mehr aus dem, was ich aus mir selbst mache, als ich aus dem mache, was sie aus mir macht.

Technischer Fortschritt heißt, daß immer mehr der 600 göttlichen Gebote des AT gegenstandslos werden und also immer weniger Verbote beachtet werden müssen? Aber schickt der Himmel uns die Technik, um uns von seinen Geboten zu entlasten?

33

Er gab sein Bestes und Zweitbestes zum Besten. Wir geben unsere Meinungen zum Besten und nehmen Geld, statt Geld zu geben und Wahrheiten anzunehmen.

Er konnte aufrecht gehen, bevor er seinen Meister gefunden hatte, und er wird nicht fallen, nur weil er ihn eines Tages wieder vergessen muß. Erst heute erntet er von seiner Frau, was er vorgestern gesät hat, und soll noch heute säen, was er erst übermorgen ernten wird? Wer heute die Schläge einsteckt für das, was er gestern getan hat, kann heute nicht mehr so entgegenkommend sein, daß er morgen keine Schläge bekommen wird.

Die Tugend ist ihr eigener Lohn. Früher hielt er das für eine Lüge, die nur den Guten guten Gewissens um seinen Lohn bringen will. Aber ich helfe nicht nur denen, von denen ich Hilfe erwarte. Wer Hilfe braucht, der hilft. Ich helfe dir. Das hilft mir – auch wenn du dich nie revanchieren wirst.

Autor und Werk sind Gegensätze. Melancholiker wie Beckett schreiben schwarzen Humor, und die verzweifeltsten Themen werden von unheilbaren Optimisten wie Sartre behandelt. Wer Kunstwerke kopiert, produziert dabei neue. Wer neue erfindet, hat nur alte nachgemacht, ohne es zu merken. Kenner werden angezogen durch die Distanz, auf die jede Kunstleistung uns hält, und abgestoßen durch die Anbiederung des Mittelmäßigen, wir könnten das auch.

Mancher straft sein Publikum ästhetisch mit jener Mißachtung, mit der er die Machthaber politisch nicht zu strafen wagt.

Nichts spekulativer als nackte Tatsachen und nichts handgreiflicher empirisch als das wahre Sein hinter dem sinnfälligen Anschein.

Seebären denken, daß Landratten das Meer für romantisch halten, denken nur Landratten. Folgt daraus, daß es Seeleute gibt, die das Leben auf See romantischer finden als das Leben an Land?

Mathematik ist das Geld des Geistes.

Hat denn jeder Mensch sich Kinder zu wünschen? Ist es nicht noch ein Unterschied, Paare, die kinderlos leben wollen, unvollständige Menschen zu schimpfen oder komplette Mörder? Sind die Lebensbedingungen der Ungeborenen wichtiger als die der Geborenen und sind weniger Menschen, die besser leben können, schlechter als mehr Menschen, die schlechter leben müssen?

In der Jugend schien alles ohne Gott zu gehen, weil es dir gut ging, aber es ging dir nicht gut, weil es ohne ihn ging. Ohne ihn ging es nur durch ihn. Heute suchst du seine Nähe, weil es dir schlecht geht, aber es geht dir nicht schlecht, weil du seine Nähe suchst. Diese Jugend ohne ihn war Gnade. Ist Christus nicht ein Jude, der zu den Juden gekommen war, um sie nun daran zu erinnern, daß sie den Nichtjuden das Gesetz weitergeben sollen? Finden die verlorenen Schafe Israels heim, wenn sie die Hirten der verlorenen Schafe Nichtisraels werden? Sind die Juden nur auserwählt, alle Menschen zu lehren, daß jeder Mensch auserwählt sei? Ist der wahre Christ ein Mensch, der Christus weder vergötzt noch vergöttert, der weder Austern noch Schweinefleisch ißt, der wenigstens am Herzen beschnitten ist, der die Zehn Gebote und Jesu Erfüllung des göttlichen Gesetzes ernst nimmt ? Ist es Gottes Werk, daß der Mensch sein eigenes Werk ist, und ist der Mensch nur dadurch Gottes Werk? D a ß ich Werke tun kann, ist nicht mein Werk, sagt Luther. Oder ist das nun alles nur Wunschdenken und Angstdenken? Der "Weisung" zu folgen, ist weise, aber kann auch dem Gerechtesten nicht noch heute der vielzitierte Ziegelstein auf den Kopf fallen? Ist die Weisung nur notwendige oder schon zureichende Bedingung eines langen gesegneten Lebens?

B. Russell nannte Platons Idealstaat der „Politeia" totalitär, Weizsäcker nicht. Zwischen dem Feuer der Ideen und der Erde unserer Sinne vermitteln Wasser und Luft.

F:L=L:W=W:E. Er-zeugender Vater und allaufnehmender
Raum als Mutter der Dinge. Raum sei Idee der Materie und
Uterus der Dinge. Materie als phallische Raumfüllung?
Mathematische Körper als Raumbegrenzung ohne leibhaf-
tige Ausführung. Viele Sinne und nur einfältiger Kopf.
Leben ist Einheit, Tod ist Vielheit. Pythagoreer : Mann,
Grenze, rechts, Ruhe, Licht, Gerade, Einheit — Frau, Un-
begrenztes, links, Bewegung, Finsternis, Kurven, Zweiheit.
Aristoteles' „Politika" : Das Beste ist Mischverfassung von
Idealstaaten : Demokratie (Freiheit der Armen), Oligarchie
(Vermögen der Reichen) und Aristokratie (Herrschaft der
Tüchtigsten). Demokraten sind alle gleich frei, sonst ungleich in allem. Oligarchen sind ungleich vermögend, sonst
in allem gleich, aber Staat ist nicht Erwerbsgesellschaft,
sondern Herrschaft des Guten. Idealstaat ist die Aristokratie
aller und verlangt Bildungskontrolle durch Staat wie bei
Platon. Mittelstand ist zu stärken gegen die Demokratie der
vielen Armen und die Oligarchie der wenigen Reichen und
die Tyrannis des Tüchtigsten. Demokratie soll herrschen,
wenn die vereinigte Untüchtigkeit aller tüchtiger ist als der
Beste unter ihnen. Gesetz soll herrschen und nicht der Beste. Die Tüchtigsten sollen zum Militär. Platon und Aristoteles verachteten die Sophisten, hellenist. Enzyklopädisten
und Aufklärer. Demokraten waren Sophisten, Sophisten
waren die einzigen Demokraten Griechenlands. Sophistik
war Aufklärung — auch über Philosophen. Philosophie war
Wissenschaft von der Dialektik der Aufklärung : Überreden
zum Wahren oder Überzeugen vom Falschen? Sophistik
war Sensualismus : Denken nicht über Sein und Denken,
sondern über die Wahrnehmung, Erfahrung und Meinung.
Heraklitischer Wechsel der Meinungen und parmeideische
Leichenstarre der Ideen. Philosophie ist Wahrheit (über die,
die für sich arbeiten lassen), Sophistik bringt die Wahrheit
über die philosophischen Sklavenhalter auf jeden Markt.
Philosophie der Sklavenhalter, Sophistik der Krämerseelen?
Demokratische Rhetorik. Die Philosophie ist der Weg von
Sklavenhaltern zu Denkbeamten. Sophistik ist die Entwick-
lung von den Kopfprostituierten zu proletar. Intellektuellen.
Als sophistischer Rhetor und Erist war der Dialektiker ein
Denkkünstler, ein philosophischer Artist, der Urintellektu-

elle. Das einzig Wahre, die Demokratie, lag in diesem Streit
der Meinungen aus allen fünf Sinnen. Die Idee sollte nur
den ewigen demokratischen Kampf der Meinungen kalmie-
ren und gleichschalten. Die Gegensätze sollten Artunter-
schiede des gleichen Oberbegriffs werden und damit verschwinden in der Hierarchie der Begriffslogik. Plato quanti-
fiziert die Meinungsvielfalt und homogenisiert sie ideell?
Begriffseinheit gut, Meinungsvielfalt böse. Monarchie will
das Gute für alle. *Epiktet,* Sklave von Sklaven : In meiner
Macht stehen weniger die Dinge selbst als meine Meinungen über sie. Ich kann weniger meine Lage real ändern als
sie geistig umdeuten. Ich kann mich nicht immer berei-
chern, aber die Armut zum Stand der Geistreichen erheben,
wenn mir Wohlstand zu teuer erkauft scheint. Stoizismus
heißt, aus materieller Not eine geistige Tugend zu machen.

Das Gelobte Land ist bloße Durchgangsstation auf
dem Weg in die Wüste des Gesetzes, das sich am Ende in
'inkonsequente Inkonsequenz' selbst erfüllt. Schlimmer als
Krieg ist nur noch seine Abschaffung, die uns dem faulen
Frieden der totalitären Staaten überläßt? Daß bei allem
Gewollten Ungewolltes herauskommt, darf ja nicht wieder
gewollt sein. Kleine Vernunft ist rücksichtsvolle Voraus-
sicht, große Vernunft ist großer Rückblick: Die erste schafft
die Risiken, die die zweite beseitigt − beide sind Entwick-
lungsstufen derselben Vernunft. Der Krieg als "Instrument
des Schöpfers" ist nur eine Strafe für jene, die nicht hören
wollen und deshalb fühlen müssen, was ihnen an eigenen
Werken über den eigenen Kopf wächst. Das Gesetz ist zu
erfüllen, um Kriege zu vermeiden, die das Gesetz niemals
erfüllen. Heilige sollen wir werden und keine Krieger! —

Die individuellen Zufälle machen Geschichte, und wir
machen die Pläne, ohne die solche Zufälle nicht auftauchen
können. Wenn der liebe Gott sich der Kriege bedienen
sollte, will ich seine Rolle nicht übernehmen. Die Ruinen
der kleinen Vernunft können die Bausteine der größeren
spielen, und was wie Zufall aussieht, ist oft gar keiner,
sondern Rückkehr eines Verdrängten, das sein Lebensrecht
beansprucht?

Liegt, wie Hegel im Quantitätskapitel der "Logik" sagt, der mathematischen Endlosigkeit des „beschränkten jüdischen Verstandes" schon die qualifizierte Unendlichkeit der deutschen Vernunft zugrunde oder umgekehrt seiner unendlichen Vernunft nur der infinitesimale ratiocinator von Leibnizens Monadologie?

Beauvoir über Sartre 1939 : "Er hatte sich nie ganz auf eine Liebe, auf ein Vergnügen einlassen können, er war nie richtig unglücklich gewesen : es schien immer, als wäre er ... noch gar nicht ganz geboren. Er wartete. Und währenddessen waren leise ... die Jahre gekommen, sie hatten ihn von hinten gepackt : 34 Jahre."

Was ist ein *Ding*? Germanisch *thing*, Versammlungsort freier Menschen, wie die griechische Agora für die Kategorien. Ding : Einheit des Mannigfaltigen (Kant), geformter Stoff und Substanz aller Akzidenzen (Aristoteles), Gegenstand für einen Verstand, Träger von Eigenschaften, Identität im Zustandswechsel, — individuell objektivierter Weltwille (Schopenhauer), welteröffnende Beständigkeit (Heidegger), verinnerlichte Selbstentäußerung (Hegel, Conrad-Martius), nichtidentisches Individuum (Adorno), Kind der Mutter Natur (Bloch), verkörperte Idee (Plato), realexistierender Begriff (Hegel), substantielle Form (Leibniz), Nicht-Ich ohne Alter Ego (Fichte), kontingentes An-sichsein (Sartre), Sexualsymbol (Freud), Widerstand des Verstandes, dicke und doofe res extensa (Descartes) ...

Vernunft als Vereinigung von Vereinigen und Trennen, von Generalisierung und Spezifikation, als Integration von Individuation und Sozialisierung. Heidegger und Sartre sprechen denkwürdig selten von Vernunft als Dialektik des Allgemeinen und Besonderen. Heidegger redet von *Jemeinigkeit* contra *Man*, später höchstens von Denker contra Philosophen. Sartre redet davon, daß jedes Individuum sich sein besonderes Wesen und seinen eigenen Allgemeinbegriff selbst schafft und zu schaffen hat. Aber der Allgemeinbegriff ist bei ihm etwas ganz Besonderes und Eigenes, während kontingente Existenz etwas ubiquitär

Allgemeines ist. Jeder habe eine allgemeine Kontingenz, die sich einen ganz besonderen Allgemeinbegriff von der Welt mache. Der frühe Heidegger spricht vom „Seienden im Ganzen" und vom existenziellen *Ganz-sein-können* des Einzelnen, während der späte Sartre recht totalitär die dialektische Vernunft als freie Synthese von Detotalisierung und Retotalisierung einführt. Sartre, Jaspers und Heidegger wollen die leibhaftige Existenz gegen die abstrakte Essenz, den besonderen Willen gegen jedes allgemeine Wissen. Heideggerlehrer Husserl wollte das allgemeine Wesen wie ein besonderes Ding anschauen und leere Intentionen sinnlich füllen, statt einzelne Dinge abstrakt zu denken. (Was mich betrifft, will ich schon in den Absonderlichkeiten von heute die Allgemeinplätze von morgen verkünden, also die Generalisierung als Temporalisierung denken : Die Gegenwart soll das ganz Besondere schaffen, damit die Zukunft es popularisieren kann gegen Allgemeingültigkeiten von gestern.) Für Pascal waren Liebe und Vernunft ebenso dasselbe wie für Spinoza und Sartre das Wollen und Wissen. Dagegen wollen wir das Besondere und Neue, während wir das Allgemeine und das Alte denken, meinte Hannah Arendt mit Augustin und Duns Skotus. Adorno spricht nur von Besonderheit durch Allgemeinheit, Sartre will Allgemeinheit durch Besonderheit, denn Adorno fühlt sich ebenso paranoisch unter dem Blick der ganz Besonderen als etwas Allgemeines, wie Sartre sich unter dem Blick der Allgemeinheit als Absonderlichkeit fühlt. Nach Adornoschüler Habermas entsteht das wahre Allgemeine erst durch *freie* Einigung zwischen allen Einzelnen.

Terroristen erlauben dem Kleinbürger das erhebende Gefühl, sich zu den nicht unterdrückenden Unterdrückten zu zählen, weil er zu unbedeutend ist, das Opfer eines Bombenattentats oder einer Geiselnahme zu werden. Ihm genügt die Angst, welche seine Chefs weniger vor ihm als vor den Terroristen haben. Er schwankt wie überall — zwischen klammheimlicher Freude über die terroristischen Erfolge und der klammheimlichen Angst vor dem Terror selbst.

Was uns heute trennt, kann uns morgen verbinden
und umgekehrt. Der Gemeinplatz von heute kann das Skandalon von morgen werden, und das Extraordinäre von gestern ist das heute extra Ordinäre. Welche Merkmale wert
sind, uns zu verbinden oder zu trennen, ergibt sich weniger
aus den Merkmalen selbst als aus der Art, in der diese Eigenschaften den Individuen aufgezwungen oder mit Gewalt
entzogen werden, um sie konform oder originell zu machen. Begriffe heute werden nach Adorno gleichsam nur
noch als Gattungsbegriffe begriffen. Es ist, als würde ein
Individuum nur noch definiert durch das verbindende genus
proximum, und dürfe sich nicht selbst bestimmen durch die
unterscheidende differentia specifica (die wie ein Gattungsbegriff gehandhabt wird). Das Besondere ist nur dann mehr
als eine aparte Arabeske, wenn es den Anspruch glaubhaft
machen kann, schon heute die Binsenweisheit von morgen
darstellend vorweg zu nehmen und also die Verbindlichkeit
von heute zur Kuriosität von morgen zu machen.

Schriftsteller, proletarische Arbeitstierfallensteller.

NATO-Philosoph Jaspers. Beide konnten wir nicht
hinaus in die Welt und mußten sie zu uns in die gute Stube
holen, aus wenigen Erfahrungsmöglichkeiten viele Schlüsse
ziehen und mit der Zeit streng haushalten. Beide mußten
wir aus der Not, an der 'Grenzsituation' Krankheit zu scheitern, eine philosophische Tugend machen und mehr aus der
eigenen Existenz und den Buchtraditionen schöpfen als aus
Kontakten mit der großen weiten Welt. Auch das Leben in
der Schwebe (mehr der Unmöglichkeiten als der Möglichkeiten) ist mir vertraut, wenn auch der "Aufschwung der
Transzendenz im Scheitern an Grenzsituationen" bei mir
nicht bloße "Chiffre" bleibt. „Weltorientierung im gegenständlich Wißbaren", gewiß, das habe ich immer gesucht
und für notwendig befunden bei aller Weigerung, irgendetwas im Durchspielen der Möglichkeiten dogmatisch zu
verabsolutieren. In allen Gehalten nur Selbstvergewisserung zu suchen, statt sich in die Gehalte selbst zu entfremden, ich habe beides miteinander zu verbinden versucht.
Wissenschaftliche Methoden und Resultate waren für mich

Spielmaterial eines ästhetischen Formwillens, Instrumente der Poesie und der Spekulation. "Philosophischer Glaube angesichts der Offenbarung" wurde bei mir philosophische Rekonstruktion der altbiblischen Theorie. Fasziniert von Heidegger war ich in der Jugend wie Jaspers, aber meine Psychoanalyse Heideggers wird mit ihm besser fertig als seine zweideutigen „Notizen zu Martin Heidegger". Das „Umgreifende" ist für mich zu viel philosophische Mutter ohne metaphysischen Vater. Gnostisches oder mystisches Wissen über das Unbedingte lehnen wir beide ab. Er beschränkte "Kommunikation" wie ich auf die mit Frau und nahen Freunden. Der große Einzelne im Adel des Geistes kann proletarisch gelesen werden. Daß Freiheit nicht dort anfängt, wo Vernunft aufhört und umgekehrt, daß Wahrheit existenziell verifizierbar und falsifizierbar sein muß, kommt mir entgegen. Die 'Großen Philosophen' habe ich psychoanalytisch rekonstruiert, was er verachtet hätte. Stärker als Jaspers würde ich wie Sartre die Selbsterschaffung in der Selbstvergewisserung betonen.

Irrationalisten sind daran zu erkennen, daß sie stets alles wissen, Rationalisten daran, daß sie nicht einmal wissen, nichts zu wissen. Gerade wer nichts von Erkenntnis hält und von Vernunft erwartet, weiß alles besser, und je mehr einer vom Wissen hält, desto weniger weiß er zu wissen − wissenschaftlich oder nicht.

Nach Voltaire bleibt uns nichts, als unseren Garten zu bestellen − im Versandhandel.

Arzneimittel gegen Nebenwirkungen einer Arznei.

Nadeln hab ich genug, aber wo ist nun der Heuhaufen mitten in der Stadt? Was ich mir nicht träumen lasse, muß ich selbst erleben.

Thesen aus dem Schriftverkehr ziehen :
Volk ohne Widerstand oder Widerstand ohne Volk?

Heute wird Freud entweder gefeiert, weil er angeblich den Mutterinzest freigegeben habe, oder verdammt, weil er ihn moralisch nicht freigegeben hat. Wenn Freud vom kulturell notwendigen Triebverzicht spricht, meint er den Inzesttrieb und den Vatermordtrieb, nicht den exogamen Bemächtigungsdrang der Geschlechter : Das wird von Freuds Kritikern fast stets gezielt missverstanden.

Worüber kann man überhaupt noch reden, wenn man nicht über Wirtschaft, Politik, 'Technik und ihren kulturellen Reflex redet? Was früher das Höhere hieß, ist als bloß ideologischer Reflex dieser Basisdaten enttarnt und kein eigenes Reich für sich, in dem sich nach Herzenslust tummeln könnte, wer down to earth nur häßlich Rohgemeines sehen kann. Was kann der noch mit sich anfangen, der dort anfangen will, wo <u>Schopenhauer</u> aufhörte (ohne deshalb dort zu enden, wo Nietzsche begann?). Der Lebenswille ist verneint, indem ich darauf verzichte, mich und mit mir das Weltleiden fortzupflanzen, gut, aber was nun, wenn ich nicht das Glück habe, als reicher Kaufmannserbe in Ruhe meine Leibrente mit Leibgerichten zu verzehren? Schopenhauer ist etwas für ebenso reiche wie geistreiche Erben, die zu anspruchsvoll und zu depressiv sind, ihr Geld am Roulettisch auf den Bahamas zu verjubeln mit hübschen Maiden. Schopenhauer auf Proletarisch: Als armer Poet in einer Spitzwegmansarde melancholische Aphorismen schreiben für die Schublade, während die Frau sein Süppchen kocht und die Hemden wäscht?

Einen kommenden Termin einhalten und auch nur auf ihn hinleben müssen, und sei es einer, der gar nicht lebenswichtig ist, stürzt jedes Mal in qualvolle Verwirrung. Er lastet wie ein Sukkubus und saugt an wie ein Trichter, in dem es enger und enger zu werden droht. Jeder feste Termin macht Platzangst. Er erlaubt kein Ausweichen und Abweichen und Daneben, er nagelt fest, er wirft seinen Schlagschatten schon jetzt auf alle Stunden, er vergällt das Leben bis zu seinem Eintreffen. Er macht den berechenbar, auf den seine Freunde, ja seine bloßen Bekannten und auch Unbekannte sich blind verlassen können.

Angst vor der Prüfung zum Lehrer, Kaufmann, Arzt, Ingenieur oder Anwalt aus Angst vor dem Leben als einer dieser Bürger. Wer dort A sagt, muß nicht nur B sagen, sondern A & O und A bis Z. Neurotische Examensphobien als begründete Realängste vor dem bürgerlichen Leben danach. Mancher hat mehr Angst davor, die Berufsexamina zu bestehen, als davor, sie nicht zu bestehen, weil er mehr Angst hat vor dem Leben, das diese Prüfungen ihm eröffnen, als vor dem Leben, das sie ihm verschließen.

Beides ist gleich falsch : Zur Elite über Massen sprechen und zur Masse über Eliten. Der Einzelne rede zu Einzelnen über Masse und Eliten (auch in ihm selbst).

Ein Aphorismus sagt der Allgemeinheit nichts Neues, sondern was sie immer schon gewußt hat, um nichts davon wissen zu wollen, oder er sagt ihr, was sie sich längst klargemacht hätte, wenn sie aufrichtig wäre. Eigentlich nimmt er uns nicht die Unwissenheit, sondern dieser das gute Gewissen.

Was ist leichter zufriedenzustellen, natürliche Notdurft oder die Imagination? Trösten wir uns über Naturmängel mit der Einbildungskraft hinweg oder über die Unersättlichkeit der Phantasie mit Naturnotwendigem?

Der Mann, den niemand mochte. Er wartet zu Hause auf Besucher, aber niemand hat Lust, ihm mehr als einmalige Anstandsbesuche zu machen. Er wirbt um Leute, bemüht sich um sie, pflegt Bekanntschaften durch unaufdringlich kleine Freundschaftsdienste, aber niemand beißt an und sucht seine Gesellschaft. Er weiß nicht, ob er für andere zu viel oder zu wenig ist, zu gut oder zu wenig gut. Vielleicht bevorzugt er auch nur einen bestimmten Typ, der zufällig seinen Typ nicht mag? Aber auch die mögen ihn nicht, die er nicht mag. Er entwickelt also den Verdacht, die Leute hegten den Verdacht, er mache sich aus ihnen eigentlich nichts und achte sie nicht. Er glaubt zu spüren, daß andere zu spüren glauben, er sei kein begeisterter Abnehmer ihrer Angebote; daher nehmen sie ihm nicht ab, daß er ihnen abnehmen möchte, was sie für ihn aufbieten können.

Richtig und/oder gerecht? Verdächtig ist es zu hören, die einzige Sicherheit und Gewißheit liege darin, daß alles ungewiß und unsicher sei, und die Wahrheit bestehe darin, daß jeder sich ihr nur beliebig weit nähern könne, ohne sie erreicht zu haben gewiß sein zu dürfen. Aber mir scheint das einzig Wahre eher sich darin zu verstecken, daß jeder von uns ja die volle Wahrheit über alles sehr wohl jederzeit wissen könne, aber nicht tun wolle. Man will das Richtige gar nicht so genau wissen (können), um das Rechte nicht so ganz tun zu müssen. Die vermeintliche Unerkennbarkeit der Wahrheit ist meist das bequeme Alibi derer, die unwahrhaftig leben wollen.

Es ist besser, vor dem Lesen ins Schreiben zu flüchten als vor dem Schreiben ins Lesen. Das Buch, das du liest, lenkt dich ab vom Buch, das du schreiben solltest.

Er wollte nicht Menschen durch ihre Ideen hindurch treffen, sondern umgekehrt nur Ideen durch die Menschen hindurch. Wer Menschen verletzt, hat es nicht geschafft, ihre Ideen zu bekämpfen. Popper ließ Ideen sterben, um Menschen zu schonen.

Der ohnmächtige Wille zur Macht des Wissens

Erst wollte er Atom- und Astrophysiker, als junger Mann der Hohepriester magischer Gewalt über die Natur werden. Der Grundlagenforscher wollte die reine Lehre und nicht schmutzige technische Anwendung im Kleinkram. Als der junge Mann merkte, daß es zum großen Naturwissenschaftler nicht ganz reichen würde, entdeckte er den möglichen Machtwillen im freiwilligen Verzicht darauf. Er predigte Pascals esprit de finesse, weil ihm esprit géometrique, den Pascal ebenso gut beherrschte, zu hoch war. Adorno, das versprach Macht noch über den Machtwillen, Herrschaft über den naturbeherrschenden Willen, ohne in die Herrschaft der Natur über den Menschen zurückzufallen. Geisteswissenschaft, das war sublimierte Naturwissenschaft, subtiler Machtwille der real Ohnmächtigen. Und Heidegger, das war feinsinnige Kritik am naturbeherrschenden Ungeist der Neuzeit. Das Ressentiment des gescheiterten Naturforschers feierte philosophische Orgien, erst bei den positivistischen Naturphilosophen, dann bei den existenzialistischen Naturverächtern und schließlich bei marxistischen Naturbearbeitern und deren kritischer Reflexion bei Adorno. Die Philosophie hatte die unbezahlbare Güte, die Schwäche als Kraft hoch zwei zu verkaufen vor sich und anderen. Vom Herrn über die Natur ging es zum Herrn über Worte, die Naturherrschaft beschied sich mit Sprachbeherrschung bis heute. Der schwache Griff nach den Sternen kompensierte zum starken Begriff in den Hirnen. Der verhinderte Universalingenieur wurde Originalgenie, und da es zum promovierten Geisteswissenschaftler so wenig reichen wollte wie zum examinierten Naturwissenschaftler, blieb nur noch die Phantasiekarriere eines proletarischen Intellektuellen und Spökenkiekers übrig, der aus der Not seiner universitären Prüfungsängste die feierliche Tugend des universalen Autodidakten machen mußte. Ecce Humus!

Hermann-Neiße : „Cajetan Schaltermann" (1914) und "Die Bernert-Paula " (1934) :
"Es waren das dem verbrämten Proletarierstande entsprossene Gernegroße, die ihr sozialer Instinkt zu prononcierter Kunstbeflissenheit verleitete ... durch viele geduckte Hungerjahre schief gemachter Trotz."

Die Herren sahen im Überwachungsstaat die wahre Volksherrschaft und ihre Nachkommen in der Demokratie den wahren Überwachungsstaat : Da stimmt etwas nicht.

Man hat noch kein Verdienst an etwas, wofür man Verständnis hat.

Selbstkritik und Kritik durch andere wären erträglich(er), wenn man es sofort besser machen könnte als andere. Die Kehrtwendung ist möglich, wenn der Stolz auf die früheren Werke übertragen werden kann auf den Stolz auf ein späteres Werk entgegengesetzter Richtung.

Bei manchem revoltiert das Es, bei anderen das Über-Ich selbst. Mancher verbietet sich die Servilität und verlangt von sich die Revolte wie eine Pflicht ohne Vergnügen. Es gibt Musterschüler der Revolution und trotzige Dienstwilligkeit.

Sozialistische Philosophie verwirklicht sich durch Aufhebung des Proletariats, und das Proletariat sich durch Aufhebung des DIAMAT. Wie die Philosophie im Proletariat keine geistigen Waffen, so findet das Prekariat im Materialismus keine materiellen.

Ist die verelendete „Verelendungstheorie" durch Übertragung auf den Vierten Stand in der Vierten Welt zu retten oder auf Arbeitslose und Landstreicher-Bohème?

In Deutschland herrscht weniger der Antagonismus von Kapital und Arbeit, als dass erst einmal der Grundwiderspruch von Kapital- und Arbeitslosigkeit immer wieder zu drohen droht. Sozialer Fortschritt wäre Fortschritt in der Auflösung der Mitte in Kapital und Arbeit, Fortschritt in der Entscheidung, ob der kleinbürgerliche Angestellte sich zum Kapital oder zur Arbeit gehörig fühlt. Differenzierung ohne Differenzen ist steril. Brauchen Arbeiter Kapital von der Mitte, gibt sie sich als Arbeit aus und spielt sich als Kapital aus, wenn sie mitarbeiten soll.

Philosophischer Idealismus verkam zum brain storming technischer Ideen. Am Ende ging es weniger darum, die Erde dem Menschen untertan zu machen, als die Menschen der großen Erdmutter und ihren Priestern. Die Bienenstaaten der Natur liefern uns Honig nur, wenn wir uns zu den Bienen und Drohnen dieser Staaten machen. Philosophischer Idealismus, der nicht spiritistisch degeneriert wäre, ist die Idee der Bienenstaatsfeinde oder bloße Ideologie. Der Wissenschaftliche Sozialismus von 1848 wirkt vor dem heute real existierenden wie der von ihm verurteilte Utopismus selbst.

Goulaschsozialismus : Deutscher Eintopf ist besser als nichts. Nichts ist besser als Chateaubriand. Also ist deutscher Eintopf besser als Chateaubriand. q. e. d.

Der materielle Lebensunterhalt ist durch proletarische Lohnarbeit zu verdienen, um die Freizeit nicht nur zur Regeneration der Arbeitskraft zu verwenden, sondern auch zur Generation geistiger Produktivkraft. Geistesarbeit ist nicht durch sich selbst zu finanzieren, sondern durch Fabrikarbeit oder Arbeitslosengeld. Mit der Fabrikware ist das Jenseits der Ware zu produzieren, und nur der geistige Adel der Handarbeiter ist bürgerschrecklich. Wenn der Ware die „theologischen Mucken" ausgetrieben sind, ist Gott keine Ware mehr. Der Gebrauchswert der Ware ist ihre Tauschwertlosigkeit? Heute wurde Tauschwert zur Gebrauchswertlosigkeit. Nur geistige Arbeit, die nicht durch Industriearbeit anderer finanziert ist, sondern durch eigene, verdient heute diesen Namen.

Wo die Herrscher Landesväter sind, werden die Familienväter als Herrscher beschimpft. Die Quelle der Hierarchie heute ist nicht die Familie, sondern die Fabrik, und die Quelle der Demokratie ist nicht der Beruf, sondern das Heim. Sobald die Frau nicht mehr von Natur und von Konvention aus für Heim und Kind bestimmt ist, wird sie sich dafür selbstbestimmen können und nicht für Fabriken.

Leben wir in einer Gesellschaft, in der junge Männer und weise Frauen herrschen oder alte Weise und Höhere Töchter (junge Dinger)?

Es war einmal eine Zeit, in der im Volk des Buches der Traummann jeder Frau ein Gelehrter war gerade bei den Ärmsten der Armen, die ebenso geistreich wie geistig arm waren. Der Skandal besteht darin, daß die deutsche Frau sich gegen Männer wehrt, die keine Kindsköpfe sind, statt Männer zu bekämpfen, die keine Bücher lesen, sondern Geschäftsbücher.

Was will ein Naturwissenschaftler von der Natur wissen? Er ist ein Mensch, der die Hand seiner Mutter nur losläßt, um Mutter Natur zu erforschen, und sich in die Arme der Mutter Natur wirft, um sich vom Rockzipfel seiner Mama zu lösen. So schlägt die *Lösung* jedes physikalischen Problems zwei Fliegen mit einer Klappe.

Postmaterialistisch ist ein anderes Wort für ideologisch : Hinter der Welt der Produktion kommt die Welt der Staatsdienstleistungstriebe.

Ich treffe ihn, ich begegne meinem Gegenüber, ich bin ihm über, dem Gegner? Ich treffe meinen Nächsten am besten dadurch, daß ich ihn übertreffe. Aber nicht in einer beliebigen Kampfart, die er zufällig gut beherrschen mag. Kunst kommt in der Tat von Können, und Können hängt potentiell zusammen mit der Potenz eines Potentaten. Kenner und Könner machen Kunststücke, in der Literatur z.B. Drahtseilakte auf Papierzeilenlinien, und niemand hat mehr verloren, als wer gar nicht erst antritt und nicht siegen will.

Der Kapitalist ist nicht zu bekämpfen, weil er den Wettkampf sucht, sondern weil er ihn meidet, da er den Wettbewerb nur im Broterwerb sucht. Der Kapitalismus ist nicht zu viel Wettbewerb, sondern zu wenig, was nicht heißt, daß der Sozialismus mehr Agon enthält, sondern mehr Agonie. Was Linke wollen sollen, ist nicht Wettkampf auf Leben und Tod, sondern auf Sieg und Niederlage. Das setzt die Sicherheit von Leib und Leben voraus, statt sie aufs Spiel zu setzen. Das Leben sollte Kampf sein um alles, nur nicht mehr ums Leben selbst, wenn es überhaupt einen Fortschritt in den vergangenen Jahrtausenden gegeben haben sollte. Fällig wären erst einmal Wettkämpfe um die höchste Wettkampfart selbst, gleichsam eine Olympiade zweiter Ordnung. Muß wie in der Schulklasse in einer Gesellschaftsklasse von Primaten primär erst einmal der *primus inter pares* ermittelt werden? In welcher Zeichensprache sollen wir uns auszeichnen?

Gewöhnlich suchen wir im Leben die Enge und in der Kunst Weite. Nach Canetti floh Kafka vorm Zuviel an Lebensmöglichkeiten in Engführungen spartanischer Kunst.

Antiautoritäre Erziehung: Herr Lehrer, müssen wir heute wieder machen, was wir wollen?

Ich arbeite in der Privatindustrie wie ein Beamter, damit ich beim Staat nicht wie ein Manager arbeiten muß.

Für die Möglichkeit der Revolution spricht nicht mehr wie bei Marx die Notwendigkeit, mit der der Kapitalismus kollabiert, sondern für die Notwendigkeit eines Kommunismus spricht eher die Möglichkeit, daß der Kapitalismus, überläßt man ihn sich selbst, eben nicht zusammenbricht — und nur nicht funktioniert, wenn man ihn sozialistisch aufheben will. Marx setzte auf die Chance, daß ein revolutionärer Wille auf einen zusammenbrechenden Kapitalismus trifft, daß die Produzenten das weitgehend intakte Kapitalpotential für klassenlose Zwecke übernehmen könnten, durch bloße Enteignung der Enteigner. Wenn die Profitrate aber tendenziell nicht tief oder schnell genug fällt, sondern das Kapital einen profitablen Teil seiner selbst in die Kaufkraft der Arbeiter verwandelt, um durch Nachfrage das Angebot zu stimulieren, dann wird die Revolution zur Revolte der materiell Saturierten und seelisch Verelendeten, der Luxus jener, die schon alles haben. Proletarische Aufklärung aber wäre fleißige Selbstdemotivierung der Industriearbeiter,

Mathematische Wahrheit hat das Gute, daß einer, der sie bestreitet, deshalb schon seine Ignoranz bewiesen hat, und man nur dadurch beweisen kann, sie verstanden zu haben, daß man ihr zustimmt. Bei den geisteswissenschaftlichen Wahrheiten ist es umgekehrt.

Ist die Art verbesserungswürdig, in der einer zu verstehen gibt, sie sei verbesserungswürdig, würde die Welt noch nicht durch doppelte Negation um einen Deut besser.

Wahrer Widerstand sorgt für Verhältnisse, in denen er überflüssig ist. Wer Widerstand leisten will, kommt bereits längst zu spät. Demokratie ist eine Art Widerstand gegen (die Notwendigkeit von) Widerstandsbewegungen.

Wer in einem Satz alles Unwichtige wegläßt, nämlich das Wesentliche an der Sache, hat fast schon einen Aphorismus gefunden. Wer sagt, was möglich ist, indem er mehr sagt, als wirklich da ist, durch die Art, wie er weniger sagt, als unbedingt nötig wäre, ist schon ein Aphoristiker.

Ein moderner Linker interpretiert die berühmte 10. Feuerbachthese von Marx so, daß er die Welt schon geändert zu haben glaubt durch seine Unfähigkeit, sie verschieden zu interpretieren.

Von der wissenschaftlichen Allgemeingültigkeit oder der sozialen Allgemeinheit geht es zur Volksgemeinschaft – über die existenzielle Entscheidung und Entschlossenheit der 'Jemeinigkeit'. Die Strukturähnlichkeiten zwischen Heidegger und Adorno sollten ebenso wenig unterbewertet werden wie ihre Differenzen. Adorno mußte nicht erst eine *Kehre* vollziehen, um dem späten Heidegger sich anzunähern. Negativ besetzt sind bei beiden das *Seiende im Ganzen* und was *man* so tut, der 'Machtwille der neuzeitlichen Subjektivität', die Zweckrationalität des technologischen Zeitalters. Der eine nennt Individualität, was der andere ‚jemeinige Eigentlichkeit' nennt, und beide pointieren das gegen das 'Man-selbst' der 'Allgemeinheit'. Beide wollen das Bewußtsein eher dem Sein unterwerfen, als das Sein vom Bewußtsein überwältigen zu lassen. Adornos Versuch, sich von somateriellen Regungen überwältigen zu lassen, entspricht dem Versuch Heideggers, einem „Seinsgeschick zu entsprechen". Und wenn Adorno die angemessene Haltung zum Glück im Dank sieht, erkennt er diesen Dank nicht wieder in Heideggers Gedanken, Denken und Danken sei dasselbe. Für Adorno liegt alles Glück in der Erinnerung an mütterliche Geborgenheit, und Heideggers 'Lichtung des Seyns' meint nichts anderes als die bergende Leibeshöhle der Mutter Natur aus frühgriechischer 'Physis'.

Beide fühlen sich verfolgt von einem technokratischen Machtwillen, der sein Opfer stellt und identifiziert, erkennungsdienstlich behandelt und ver(ge)walt(ig)en will. Ein Adorno wirft Heidegger vor, im *Seyn* stecke mehr Bewußtseiendes, als der Schwarzwäldler wahrhaben wolle, und ein Heidegger sieht in Adorno den vergeblichen Versuch, das Bewußtsein durch noch mehr Bewußtsein von sich selbst zu heilen – um das Sein zu erreichen als jungfräulich reine unberührte Mutter Natur. Aber Adornos Begriffsakrobatik und Heideggers Sprachklöppelei sind ja beides genau dieser Versuch, Begriffe durch mehr Begriffe handgreiflicher und begriffsstutziger zu machen. Beide wollen zurück zu Mutter Natur durch mehr zweite Natur der Kultur, durch den Sozialuterus der Sprache statt durch mehr Realitätserfahrung zu einem 'groben Denken' (Benjamin nach Brecht).

Das ist die göttliche Ironie der Bibel: Man begreift die Vernunft und den Realismus des göttlichen Gesetzes leider erst, wenn es einem kaum noch etwas nützt und man zu alt ist, um noch danach leben zu können.

Ich habe weder die Logik noch die Leidenschaften für sich geliebt, sondern immer nur die Logik in der Leidenschaft und die Leidenschaft in der Logik arbeiten gesehen, die Gedanken in den Gefühlen und die Gefühle hinter den Gedanken, also die Philosophie in der Literatur und das Dichten im Denken.

Warum hat Kant Raum und Zeit als so subjektiv gesehen, wie andere vor und nach ihm sie für objektiv nehmen, und warum hat er das Ding an sich so jenseits aller Subjektivität begriffen, wie andere es zur subjektiven Erscheinung machen?

Heute habe ich weniger die ewige Pubertät hinter mir als Sartres pubertäre Philosophie der Befreiung. Sartre befreit (sich) von allem außer von der Pubertät.

Freud hielt keineswegs wie Adler den Machtwillen Nietzsches für einen Urtrieb, sondern für jene aggressive

Komponente der Libido, welche die enttäuschte Liebe stets zu überwältigen droht. – 2000 Jahre nach Aristoteles ist es erstaunlich, daß die einzigen, welche über nichts mehr staunen, die Berufsphilosophen sein sollen. Beschäftigt die Philosophie sich einmal mit dem Leben statt mit sich selbst, entsteht nur eine Lebensphilosophie, die weder sehr philosophisch noch sehr lebendig ist, oder heute eine Philosophie der 'Lebenswelt', in der niemand lebt als dieser Philosoph selbst. Wenn er über Nichtphilosophen nachdenkt, hört er auf zu leben und *verrät* die „Lebenswelt" eines deutschen Philosophieprofessors.

Vernunft ohne Gewaltenteilung: Sitten- und Naturgesetzgeberin, Richterin im Meinungsstreit und Exekutive in der invisible hand der trinitarischen Ratio?

Leibniz : Raum als bloßes Endprodukt leibhaftigen Sichausdehnens gedacht. Kants „*Ich denke*" als Leibbewegung gedacht; das durchlaufende Verbinden von Stationen, von Punkt zu Punkt durch das Labyrinth des Kontinuums, führt zur Differentialrechnung und zur 'transzendentalen Leibbewegung' (Kaulbach),

Heidegger : Nackte Wahrheit als 'Aufgedecktheit' (Aletheia) der Mutter Natur für die männliche 'Ek-sistenz' mit einem „ek-statischen Herausstehen" in ihr „Offenstes". (Husserl: Sprich zur Sache! Heidegger: Komm zur Sache!)

Solange das Bewußtsein vom Sein bestimmt wird, ist nach Marx diese theoretische Richtigkeit nur eine praktische Ungerechtigkeit. Wenn erst das Sein vom Bewußtsein bestimmt wird, ist die theoretische Richtigkeit der Urteile eins mit ihrer praktischen Gerechtigkeit.

Erich Heintel: Das Wesen der Sache (forma corporis) wird bei Kant zum Ding-an-sich und nicht zur Synthesis der Phänomene (forma formarum). Das Verstandesallgemeine begreift kein Wesensallgemeines der Dinge mehr.

52

Für Benjamin war nicht Thales, sondern Adam der
Vater der Philosophie. Philo von Alexandria war der Kreuz-
weg der Christen zwischen Juden und Griechen. Am Anfang war der philonische Logos, der beim Apostel Johannes
zu Christus wurde, Mittler zwischen Gott und Mensch$_y$
altriechischer Gottmensch. Apostel Paulus stand zwischen
Philo und Gamiliel.

Vom gewöhnlichen Durchschnittsmenschen trennt
den Philosophen, daß er nicht nur seinen Teil sich denkt.

Schriftsteller sind Bloßsteiler von Schaustellern,
zu denen sie gehören. Wird der Blick auf die Menschen
durch die Menschenwürde verstellt oder umgekehrt?

Für Hegel gehörte Glück zu den leeren Seiten im
Geschichtsbuch. Geschichte war ihm die Geschichte einer
unglücklichen Liebe des Menschen, der zur Vertreibung
aus dem Paradies, also zur Freiheit verurteilt ist. Mit dem
Ende des Goldenen Zeitalters im Mutterleib der Natur beginnt für ihn erst so etwas wie Geschichte, die diesen Namen verdient. Aber er kennt auch Naturgeschichte, die auf
die Geburt des Menschen bereits angelegt ist und hinarbei-
tet. Nach dem notwendigen Hinauswurf aus dem Kindergarten Eden beginnt die Zeit der Tränen, Mißverständnisse,
Verwicklungen, Rivalitäten, Machtkämpfe, der betrogenen
Betrüger und von Untreue, Verrat, Intrige und von Schwur.
Hegel verteidigt bekanntlich die bürgerliche Halberfüllung
gegen die romantische Verliebtheit (in die eigene Unfähigkeit, sich befriedigen zu lassen). Er hält die bürgerliche
Familie für vernünftiger als die romantische Sehnsucht der
ewig Unerfüllten und Schmachtenden. Geist versteht er als
Geist der Gattung, als Gattenliebe, gesegneter. Es ging ihm
um Zeugung des Lebens, Marx primär um Erzeugung der
Lebensmittel. Daß er von Reproduktion des Lebens, Marx
von Produktion der Lebensmittel primär sprach, schien ihn
zum geistigen Wiederkäuer zu stempeln, zum Denker des
Immergleichen ohne Zukunft. In Wirklichkeit sprach Hegel
vom immer neuen Erdenbürger und Marx von der immer
selben (ökonomischen?) Scheiße. – 'Geist^r war für Hegel

durchaus physische Erregung, die von *sinnlicher Gewißheit* zu absoluter Erkenntnis fortging. Hegel ging den psycho-erotischen Entwicklungsphasen der Liebe nach und erlaubte keine Fixierung auf nur perverse Vorluststufen und Durch-gangsphasen von der Infantilität bis zur Reife. Hegelianis-mus ist die Philosophie eines vollentwickelten Genitalpri-mats und der Erzeugung des Menschen durch sich selbst. Die Fortpflanzung besiegt bei ihm nicht das Individuum, wie Adorno fürchtete, sondern individuiert es überhaupt erst. Hier behält Hegel Recht gegen Marx und auch gegen Adorno, aber sein lutheraner Protestantismus machte ihn anfällig für Verwechslung Berlins mit Neuem Jerusalem.

Am Anfang war der Phallus des Geistes (Benn).

Wer keinen philosophischen Lehrstuhl abbekom-men hat, muß deshalb noch nicht selbständig denken kön-nen wie Spinoza, Kierkegaard oder Sartre.

Denken heißt, Allgemeinbegriffe auf etwas Be-sonderes anwenden. Will die Vernunft sich selbst begreifen, versteht sie sich nicht in ihrer Allgemeingültigkeit, sondern als etwas ganz absonderlich Zufälliges und Unvernünftiges, versteht Verstand selbst sich als etwas Unverständliches.

Erst wollte Heidegger nur ganz sich selbst und ließ andere reden. Dann wollte er nichts mehr − als nur denken, und der *Wille zum Nichtwollen* ward Unwille statt Willen-losigkeit.

Er wollte keine brandneue Philosophie erschaffen, sondern träumte von Leuten, die eine Philosophie aus dem machen würden, was er gern tat.

Descartes now : Ich bin, was ich geschrieben habe.

Vor 30 Jahren war dem 17-jährigen die Philoso-phie genau das, wovor immer gewarnt wird, nämlich ein Schamanenkult und Mysterienspiel priesterlicher Magie. In seinen Interessen kam die Metaphysik nach der Physik, zeitlich später, rangmäßig früher. Aber Metaphysik lernte er nur durch ihren Überwinder Heidegger kennen, sie war von Anfang etwas, das nur wert war, aufgehoben zu werden. Der Sinn für Höheres war Irrsinn. Er kam dahinter, daß es keine *Hinterwelt* gab, bevor er die Welt kannte. Die Antimetaphysik war ihm erst die Physik, dann Heidegger. Nach ihrer positivistischen Destruktion wurde die Philosophie aufgehoben durch ihre marxistische Realisierung und durch existenzielle Einlösung. Zwischen diesen beiden Formen philosophischer Philosophiekritik konnte er sich nie entscheiden; also entschied er sich, sich nicht entscheiden zu müssen und ließ sich beides von Sartre verbinden zu gleichzeitig existenzieller wie marxistischer Aufhebung der Metaphysik. Aber Sartres „existenzielle Psychoanalyse" war ja zu psychoanalysieren : Erst analysierte er Freud mit Sartre, dann Sartre mit Freud. Am Ende legte er die europäische Philosophiegeschichte komplett auf Freuds Couch. – Erst entpuppten sich metaphysische Theorien als falsche physikalische Theorien, dann als existenziell irrelevant, dann als materialistisch zu hinterfragen und am Ende als bloße Rationalisierungen unbewußter Phantasien, und die *Hinterwelt* wurde zum schmutzigen Hintergedanken. Der philosophische Test bediente sich aller vier Hilfsmethoden, denn der Totalitarismus liebte weder den empirischen Positivismus noch den Existenzialismus der französischen Resistance, weder die marxistische Dialektik noch die Psychoanalyse. Der Irrationalismus war ihm philosophisch in Heidegger verkörpert, also hat er ihn erst durch Sartre überwunden, beide dann durch Adorno und alle drei durch Freud, nachdem Heidegger am Anfang über Carnap und Einstein gesiegt hatte bei ihm. Als er noch an der Atomphysik interessiert war, hatte Heidegger ihn so fasziniert, wie Atomphysiker Weizsäcker von dem fasziniert worden sein muss. Er begann mit der positivistischen, existenziellen, marxistischen, psychoanalytischen Kritik an etwas, das er gar nicht kannte und mit dem er erst heute diese Kritiker zu kritisieren lernt. Seine existenzielle Deutung der Philosophie war eine psychoanalytische, über die er zum tiefen(psychologischen) Verständnis der Religion kam. Freud brachte ihn auf Moses. Der Weg von der physikalischen Kritik am Meta-

physischen bis zur Religion ist lang gewesen, der Weg von
Einstein über Marx und Freud zum AT, vom rechten Ex-
katholiken Heidegger zur biblischen Theorie.

Ist der schlechteste Sozialismus immer noch besser
als der beste Kapitalismus? Sozialismus *ist* der schlechteste
Kapitalismus.

Materia est principium individuationis: Materielles
gehört in die Hand jedes Individuums; Eigentum erzeugt
Eigentümlichkeit und Eignung.

Kommt Vernunft rechtmäßig an die Macht,
läßt Macht sich vernünftig rechtfertigen.

Die Bürger Marx und Engels betonten die Unent-
behrlichkeit der bürgerlichen Gesellschaft (samt ihrer Kritik
daran) für eine nachbürgerliche Gesellschaft, die nicht noch
hinter sie zurückfällt. Das kapitalistisch akkumulierte Potential aufgespeicherten Mehrwerts sollte einer nichtbürger-
lichen Epoche nicht verloren gehen, die Arbeit daran nicht
umsonst gewesen sein. Dann kann aber die proletarische
Revolution nie zu spät kommen. Warum dann nicht noch
die dritte und vierte industrielle Revolution und postindust-
rielle Mehrwertschöpfung abwarten und mitnehmen, um
der „klassenlosen Gesellschaft" noch viel mehr technisch-
organisatorisches Know-how in die Wiege zu legen? Ist die
klassenlose Gesellschaft einmal da, wird es dafür zu spät
sein : Sie kann nur noch verteilen und konsumieren, nur
produzieren ohne zu akkumulieren und nie über die Reproduktion des Erreichten hinaus Neues schaffen können. Sie
wird in keiner Sklavenkaste mehr ein Werkzeug haben,
mehr zu schaffen, als sie verzehren will. (Oder werden
Maschinen eines Tages auch die Mehrwertschöpfung übernehmen, wie sie selbstlernend schon sind?) Warum nicht
weitere Sklavengenerationen bis dahin einem noch höheren
Anfangsniveau der klassenlosen Gesellschaft opfern?

Zweideutigkeit von „Masse" : Materie und Menge
zugleich. Viel Vieh. Masse ist nicht Gewicht, schwere Mas-

se ist nicht träge Masse in der Physik. Masse ist Widerstand gegen Zustandsänderung, also Realität. Je schneller sich etwas ändert, umso schwerfälliger wird es. $E= m*c^2$. Materie zerfällt in Atome, Masse in Individuen; viel Energie ist dazu nötig. Elementarteilchen sind nur Anregungszustände desselben Feldes, Knoten von Weltlinien. Masse ist streng determiniert, das Individuum unfrei, aber im statistischen Einzelfall unvorhersagbar in seinem Verhalten. Die ganze Welt ist endlich, aber unbegrenzt wie eine Kugeloberfläche, auf der jeder Weg in sich zurückläuft. Bei Statisten ist nur Statistik möglich. Menge ist materiell, Einheit aber geistig? Doch da jeder Geist auch Material für andere Geister ist, muß jede Einheit von Einzelheiten selbst auch wieder eine Einzelheit für höhere Einheit sein können. Masse ist unendlich teilbar, besteht aber nicht aus unendlich vielen Teilen.

Wissen ist Macht (über Natur). Monotheismus ist nicht Herrschaft über Natur, sondern Herrschaft über Naturherrschaft und Naturbeherrschung zugleich, ein Drittes zwischen Naturwissenschaft und Naturmagie, nicht Gnosis, sondern Alternative zur Alternative von Übermacht der Natur und menschlicher Macht über die Natur, also weder Überstimmung noch Übereinstimmung mit der Stimme der Natur.

Freiheit à la Adorno ist Emanzipation der Partialtriebe vom Genitalprimat, der Vorlust von der Endlust und Fortpflanzung zugleich. Auch Wiesengrund will übers bloß Individuelle hinauskommen, aber nicht in die Allgemeinheit der Gattung, sondern in vorindividuelle Elemente zurück. Genau genommen will er nicht zurück zu den Müttern seiner Kindheit. Die Mutter Natur, zu der es ihn zieht, ist noch nicht einmal Inzestobjekt, zu der jede Beziehung kastrationsbedroht wäre. Gesucht wird eine prägenitale, präödipale Liebesbeziehung zu einem viel archaischeren Mutterintrojekt, einer sychotischen Vorform der inzüchtig begehrten Gattin des Vaters. Mutter und Tante hatten den zarten Knaben stets abgeschirmt und geschützt vor jeder als zu hart empfundenen väterlichen Einflußnahme.

Es war eine blitzhafte Intuition : An irgendeinem
Tag wurde mir plötzlich klar, dass das, was ich mein ganzes
fast dreißigjähriges Leben hindurch nur vergeblich gesucht
hatte, einfach schon gab, daß ich es nicht mehr selbst hervorbringen mußte und daß es genau das war, was ich seit
meiner Pubertät stets vehement bekämpfen zu müssen geglaubt hatte. Es war etwas anderes als diese plötzliche Re-
signationsreife, die auf Jugendtorheiten ja peinlich zärtlich
zurückblickt. Ich glaubte zu sehen, daß alles ganz anders
war, als ich bisher vorausgesetzt hatte. Ein Riesenschreck
durchfuhr mich beim Rückblick auf die vergangenen Jahre,
und das Entsetzen wich dankbarer Erleichterung : Meine
Irrtümer hatten gottlob noch keine praktischen Konsequen-
zen gehabt. Was ich bisher an mir verwünschen zu müssen
geglaubt hatte, die feige Innerlichkeit, die sich keine voll-
endeten Tatsachen schaffen mochte, sollte sich mit einem
Mal nur als weise Vor(aus)sicht erweisen? Ich konnte noch
zurück, es war nicht zu spät War das ein Stück Dialektik?
Kaum jemand würde etwas merken von dieser Konversion,
so wenig war ich mit meinen früheren Wahrheiten aus mir
herausgegangen. Wenn die APO von 1968 auch wieder nur
jener Sozialismus war, den er bekämpfte, mußte man einfach zurückgehen zu dem, was alle Sozialismen bekämpfen,
den Monotheismus selbst, den auch Liberaldemokraten nur
tolerieren wollen, wenn er freiwillig auf sich selbst verzichtet um eines unmenschlich Allgemeinmenschlichen willen,
wie Adorno angeprangert hat. (Aber Adorno verteidigte
nicht das spezifisch Religiöse gegen die Zumutung, sich
integrieren zu lassen von der allgemeinen Mehrheit, er
verteidigte gerade nicht den wahren Universalismus der
biblischen Verstocktheit gegen die nur erschlichene Allgemeingültigkeit der industriebürgerlichen Absonderlichkeiten, sondern individuellen Irrsinn gegen kollektiven Wahn.)

Adorno wollte weder, daß Mutter Natur noch der
infantile Drang des Jungen zurück zu ihr verdrängt werden.

Im Osten geht die Sonne auf ins große Ganze
und N-ich-ts.

In der Bibel steckt mehr als die Synthese von westlichem Tun und östlichem Lassen und ägyptischem Sein, aber auch mehr als das Naturrecht auf Macht und materielle Möglichkeitsbedingungen der Utopie.

Postman ("Wir amüsieren uns zu Tode") übersieht in seiner Fernsehschelte, daß das heutige Leben (so angelegt ist, daß es) ohne TV gar nicht erträglich wäre, und das Fernsehen nun nicht ohne Walkman und Weltnetz.

Nach Hegel vergeht einem nur in der Philosophie das (Musik)Hören und (Fern)Sehen. Solche Gesellschaft ist ohne Revolution und ohne TV unmöglich.

„Experimente sind schädlich", sagt das Volk. Man soll durch Schaden klug werden, und Versuch macht klug.

Auch nach Kant gibt es keine Regel zur Anwendung von Regeln, und es hilft dabei nicht die goldene Regel von G. B. Shaw, daß es keine goldene Regel gibt und geben darf. Läßt sich die Beziehung des Allgemeinen zum Besonderen verallgemeinern? Ist die Abstraktionsfähigkeit des Menschen selber abstrahiert aus besonderen Situationen?

Dialektik heißt ja nicht, das harte Entweder-Oder durch ein weiches Sowohl-als-auch zu ersetzen, aber es heißt noch weniger, was manche zu glauben scheinen, ein Sowohl-als-auch-weder-noch zu bevorzugen.

Habe und Habenichts ohne Behäbigkeit?

„Ich erhalte etwas" ist zweideutig: Ich behalte, was ich habe, oder ich bekomme, was ich nicht habe. Was ist also Selbsterhaltung?

Moderne Regime erzeugen weniger ihre eigenen Totengräber als ihre toten Gräber. Und die einen wollen unsere Sinne beglücken, die anderen unserem Unglück nur einen Sinn geben.

Den Glauben hab ich schon, allein mir fehlt die Botschaft, sagen wir.

Jacques Derrida sprach vom „phallozentrischen Charakter der platonischen Metaphysik", aber Plato spricht nicht vom Patriarchat, sondern nur von Homophil(osoph)ie. Davon spricht Derrida nicht.

Vernichtung durch Arbeit macht frei? Hegel oder Marx? „Der Mensch" erzeugt sich selbst durch die Arbeit, durch die der Proletarier sich vernichtet.

Männliche Feministen wollten ja nicht vorwärts zu Frauen, sondern zurück zu Müttern oder Geschwistern.

Max Horkheimer stieß sich an der inhumanen Begriffsmechanik von Sartres „L'Etre et le Néant", an dem Auf und Nieder der geistigen Kolben und Gestänge. Mich zog in der Pubertät gerade das geisteswissenschaftliche Analogen zur mathematisch-naturwissenschaftlichen Methodik an. Ich favorisierte jene Denker, die philosophisch so kaltexakt vorgingen wie Physiker und Logiker. Nur so war mir der Übergang von den Naturalien zu den Humaniora möglich. Faust-Wagner war da wichtiger als Gretchen-Faust. Genauer : Gretchen wurde durch die Brille von Famulus Wagner gesehen, und im Faust II nach Gretchens Tod steckte ja viel Famulus. Sartre bekannte als eines seiner Geheimnisse, ganz einfach langsamer zu denken als andere. Er zerlegte einfachste Dinge so lange in elementarste Bestandteile, bis er aus diesen intellektuellen Atomen sie wieder synthetisch rekonstruiert hatte und das Natürliche seine geistige Schöpfung geworden war. Diese pedantische Ausführlichkeit, vorgetragen mit der Eleganz der französischen Moralisten, die Sartre für die größten Beiträger der französischen Literatur hielt, war sein aufreizendes Erfolgsrezept. Friedell beschrieb den gallischen Esprit einmal als Mixtur aus Pedanterie und Narrheit. Sartre machte aus der Not der langen Leitung die Tugend eines Abteilungsleiters der Philosophie. Sein Schizoides war es, das wie bei Kafka alles Natürliche *und* alles Konventionelle als ein unendlich teilbares Mysterium sah. Bei welchen Atomen er stehenblieb, entschied er selbst, das war sein geistiges Produkt. Wer zwischen Infrarot und Gammastrahl an einer anderen Stelle stehenbleibt als beim sichtbaren Licht, sieht die Welt anders, durch Sensoren statt durch Augen. Die geistige Rekonstruktion der ersten und zweiten Natur des Menschen sah in jedem ersten Schritt schon den Abgrund unendlicher Teilbarkeit und damit Undurchmeßbarkeit, die undurchdringliche Komplexität des Simplen. (Auch Kafka sah die Welt als Achills Schildkröte und als ruhenden Pfeil des Zenon.) Die Subjekt-Objekt-Spaltung trieb er im Subjekt und im Objekt weiter, als Otto Normalverbrecher es nötig findet. Jedes Ding ist eine theatralische Veranstaltung, eine auswendig gelernte Rolle. Sartre sah die Teleologie in der Mechanik, die Physiognomie der *nature morte*, die geheime Absicht in den Ansichten, aber auch umgekehrt die Erstarrung der Bedingungen zu Dingen, der Prozesse zu Produkten, der Taten zu Tatsachen. Aber dabei mechanisierte er Finalitäten. Noch die „Antiphysis" geriet ihm physikalisch und physiologisch und das Ego wurde eine Idee seiner selbst. Kurz : Descartes' Ego cogito wurde bei Sartre zu dem Naturmechanismus selbst, gegen den er gerade mobil machte.

Wer keine kleinen Kinder zeugt, muß wenigstens große Werke schaffen? Wer keine großen Werke schafft, soll auch keine kleinen Kinder machen?

Arbeitnehmer, die's am wenigsten nötig hätten, streiken am meisten. In reichen Branchen wird gestreikt, nicht in armen.

Womit soll sich einer beschäftigen, der das Berufsleben nicht weniger haßt als das Familienleben? Soll er, wenn er Schriftsteller ist, beschreiben, wie Kinder Eheleute werden und umgekehrt? Er kann nur die schöne Natur besingen, Mathematik treiben oder zynische Gesellschaftskomödien verfassen. Nur gute Familienväter werden durch die abstraktesten Wissenschaften keine komischen Käuze. Der Single wird als Logistiker oder Atomphysiker zum verrückten Sonderling. Nicht jedes Absonderliche von heute ist das Allgemeingültige von morgen oder umgekehrt. Der Industriebuddhist leidet am Berufsleben so stark wie der Arbeitslose am Familienleben, um nicht unterzugehen. Singles brauchen ihre Jobs wie Arbeitslose ihre Familien.

Ein Gedanke taugt nichts, der nicht standhält in der Not? Aber ein Gedanke, welcher der Not standhält, überlebt sie meist nicht. Ist nur wahr, was eine schlaflose Nacht überstehen macht, ohne einschlafen zu lassen? Was fördert Denken in Situationen, die das Denken verhindern? *Cioran* ist einer, der "seine Bitterkeit feilhält, wie seine Gefährtinnen ihren Körper" („Lehre vom Verfall", S. 100, "Philosophie und Prostitution", Stuttgart 1979). Er läßt kein Denken gelten, bei dem er nicht seinen Körper spürt, bei dem er also nicht körperlich krank ist. Er hält den Geist der Krankheit nicht für eine Geisteskrankheit. Wenn er sich entscheiden soll zwischen Kommandieren und Kommentieren, wählt er das Kommentieren als Kommandieren.

Stalin bot Adenauer in den Fünfziger Jahren die deutsche Neutralität an, um die BRD dem Westen zu entfremden. Neutralismus dient nur russischer Reichspolitik.

Vielleicht war es noch vor Währungsreform und BRD-Gründung; viel älter als acht Jahre kann ich nicht gewesen sein. Meine erste Erzählung schrieb ich als Kind gleich nach dem Schiefertafelalter auf Schulpapier, das für Schönschreibübungen noch Extralinien enthielt für die Ober- und Unterlängen der zu malenden Buchstaben. Die Geschichte handelte nach amerikanischen Kinofilmen (60 Pfennige pro Vorstellung) von einem einsamen Cowboy, der sich im Saloon mit einem Revolver den Weg zu seiner Schönen durch alle Rivalen hindurch freischießt. Für den stahlmattblaukalten Colt fand ich so sorgfältige Worte, daß später jedes Wort für mich so etwas wie diese Schußwaffe wurde. Entwickelte sich daraus mein Ideal des Schreibmaschinengewehrs?

L. Klages : Vom kosmogonischen Eros" (1921).

W. Benjamin lobte das Buch, das eher homophile Blutsbruderschaft lobte als die Liebe zwischen Mann und Frau. Der Leib wird gegen den Geist nur ausgespielt, um den Geist der Männerbündelei ausspielen zu können gegen die Art, wie Mann und Frau ein Fleisch werden und gar Eltern. Klages hat es mit den Pelasgern und ihren Muttergottheiten : Ma (syrisch), Kybele (phrygisch), Astoret (phönizisch), Beltis, Mylitta Astarte, Ishtar, Kali (indisch), Pachet (ägyptisch), Innana (babylonisch),...

Klages bringt mich auf die Idee, die Platonische Idee sei ursprünglich die Idee meiner Eltern gewesen, mich wirklich in die Welt zu setzen. Platonische Anamnese an die vorgeburtliche Existenz meiner Ahnen?

Klages unterscheidet Wahrnehmung gegenwärtiger Dinge von der „Schauung" ferner Räume = Vergangenheiten. Weltraum sei die ferne Vergangenheit der Gestirne, der vom Erdenschoß an den Himmel versetzten Vorfahren. Zukunft ist ihm nur nach vorn projizierte Vorzeit. Es ist unmöglich, daß das Vergangene nicht war, aber es ist möglich, daß kein Künftiges je sein wird. Wir sehen das Licht von Sternen vor uns, die in Wirklichkeit längst erloschen sein mögen. Gegenwart ist in Einzeldingen, Vergangenheit im Weltraum. Eros der Ferne contra Sex im Nahkampf. Romantische Sehnsucht ist in keinem Einzelding zu stillen. Ekstatische „Entselbstung" durch kriegerische Entleibung (Heros) oder homophilen Eros oder Magie des Mysten. Bei Klages geht es von narzißtischer Idiopathie des Kindes zur homophil(osophisch)en Sympathetik. Der Voyeurismus der „Schauung" ist wichtiger als die Einheit im Kinde, das er weder bleiben noch zeugen will. Er will die hierogamische Selbstbegattung des Mysten in der „Epoptie", aus der die Wiedergeburt kommen soll. Das Außen zeugt, das Innen empfängt, und das Weib bleibe hübsch draußen. Tod ist Trennung, aber lösen wir uns im Tode von der Mater-ie, der wir endgültig anheimfallen? Der Leib fällt der Mutter Erde anheim, damit die Seele zum himmlischen Vater heimkehren kann (sagen die Christen). Klages will es eher umgekehrt. Gottväterlicher Funke im Meer der Mère oder Glut der See-le? Kommt Theorie vom unsichtbaren Theos oder umgekehrt von heidnischer Theaterschau? Klages spricht vom "elementar-erotischen Zusammenhang der Gewesenen mit den leibhaft Lebendigen", also von inzestuöser Nekrophilie, von Inzucht mit den Eltern über ihren Tod hinaus, ja erst eigentlich im Tode. Ahnenahnung als Leicheninzest? Wiedergeburt aus der Vereinigung mit der Mutter Erde und kleiner Tod des Sohnesgatten in der toten Groß-Mutter? Schön pervers. Klages rekurriert auf Hesoids Theogonien und Kosmogonien : Chronos, diese nimmeralternde Zeit, macht aus Äther und Chaos ein silbernes Weltei, aus dem Eros schlüpft, die Dreieinheit von Metis, Erikapaois und phallischem Phanes (aus dem Zeus dann mit Persephoneia den Dionysos-Zagreus zeugt, der von Titanen zerrissen wird, als er wie Narziß sich selber bespiegelte). Aus der Selbstbegattung des Eros entstehen Gäa und Uranos, die Eltern der Titanen. Bei Lukian gibt es den demiurgischen Eros als *Hierophanten der Mysten*.

Wo das Sinnliche in der bürgerlichen Familie das Sittliche wurde, ist das Natürliche vergeistigt und der Geist verleiblicht. Die Natur wird allgemein in der Gattung wie der Geist im Gattungsbegriff. Der kleinste gemeinsame Nenner zwischen Natur und Geist, Sein und Bewußtsein liegt in der lutherischen Zweideutigkeit des *Erkennens* : Sie erkannten einander und daß sie nackt waren, also den kleinen Unterschied von Gut und Böse. Das irdische Paradies ist die Vertreibung aus dem himmlischen der Kindheit: Eros vertreibt aus dem Kindergarten Eden; Liebe zum ganz anderen Geschlecht, das Essen vom Baum der Erkenntnis, vertreibt das Menschenkind aus dem Mutterleib der Natur. Und wer nicht mehr Kind ist, sondern Kinder hat, muß arbeiten im Schweiße seiner bösen Miene zum guten Spiel.

Emile M. C i o r a n, ein Schriftsteller, der seit seiner Jugend seinen Selbstmord ankündigt und seither Gründe aufschreibt, weshalb er noch lebt, obwohl seine Gedanken sich nicht geändert haben. Früher waren für ihn

die Selbstmörder die Helden, jetzt sind es die, die heroisch
weitervegetieren. Dieser trotzig verschämte Immernoch-
nichtselbstmörder langweilt mit der Selbstgefälligkeit seiner geschwätzigen Verzweiflung, die ihn nicht hinderte,
kurz auch mal Rechter zu sein. Sein Precis de decompositi-
on von 1949 wurde übersetzt von Paul Celan: Der Überset-
zer nahm sich das Leben, das Original lebte noch lange, um
vom Leben im Tod und vom Tod im Leben zu raunen.

Wer die Französische Revolution für eben diese
hält, verwechselt das Ancien Regime vorher mit dem Em-
pire danach.

Zeittotschlagen ist seine eigene Strafe,
es steht Lebenszeitverkürzung darauf.

Offenbarung der Vernunft? Reinholds „Grundsatz
des Bewußtseins" lautete : Die Vorstellung steht zwischen
Vorstellendem und Vorgestelltem und bezieht so beides
aufeinander. An diese *Elementarphilosophie* knüpfte Fichte
seine 'intellektuelle Anschauung', die von der unmittelbaren
Selbstgegenwart des Bewußtseins spricht. Fichte kennt
Selbstbewußtsein als Bewußtsein vom Bewußtsein eines
Seins. Ist es nur das Bild vom Bild eines Objekts? Ist die
Vorstellung von der Vorstellung eines Gegenstandes objektiv, weil subjektiv? Was heißt Objektivität, wenn das Objekt das Subjekt selbst ist? Ich sehe mich als empirisches
Faktum nur kategorial, aber <u>unmittelbar </u>als transzendenta-
les Ego? Sehe ich mich selber empirisch, aber mein Sehen
intelligibel?

Die Aufklärung und deutscher Idealismus. Hegel
sprach über den Verstand wie Fichte über Nicolai. Die
philosophische Vernunft ging gegen Glauben und Verstand
zugleich, gegen den Verstand nur mit einem rationalen
Extrakt des Glaubens und gegen den Glauben nur mit Vernunft, nicht mit Verstand. Die Kritik von Lukacs an Hegels
Religionskritik moniert, daß Hegels Christentum weder
Religion noch Philosophie sei und daß Hegels Geist aus
Jesus heraushole, den er zuvor in ihn hineingepumpt habe.

Die Philosophie werde da christianisiert durch ein philosophisch mystifiziertes Christentum.

Ist Platons Idee der subjektive Begriff über realen
Objekten oder das objektive Wesen über subjektiven Begriffen oder beides in dem Sinne, wie bei Hegel die Substanz Subjekt werden muß? Ist also das Individuum umgekehrt das Subjekt unterm objektiven Geist oder realer Fall
unterm subjektiven Allgemeinbegriff? Ist das Subjekt Objekt der Oberbegriffe und Allgemeinbegriff realer Objekte?

Was Fichte, Schelling und Hegel als zu bearbei-
tende Natur dachten, hätten sie als menschliche Natur des
Arbeiters denken sollen, um Marx vielleicht zu schlagen.

Nach *Georg Simmel* sucht der Mann allgemein das
Allgemeine (im Weibe) und die Frau das ganz Besondere
(in diesem Manne).

"Das Verhältnis des Männlichen zum Weiblichen
ist von Natur so, daß das eine von höherem und das andere
von minderem Wert ist, und folglich das erstere regiert und
das andere regiert wird." Für Aristoteles in seiner „Politik"
sind die einen die, "die mit ihrem Verstand Pläne machen,
und die anderen sind die, die mit ihrem Körper diese Pläne
ausführen."

Philo von Alexandria unterschied in seiner Bibel-
allegorese den männlichen Nous von weiblicher Aisthesis.
Es gilt zu unterscheiden zwischen dem, was Philosophen
über Frauen explizit sagen, und dem, was in ihrer Philo-
Sophie die Stelle des Ewigweiblichen annimmt.

Gegen den Sozialismus spricht weniger, daß immer einige mehr sein wollen als andere, als daß zu viele
einander werden gleich sein wollen.

Wie und wo kommt es zum P(r)o(l)eten?

Hegels Urdialektik kennt noch keine geschlechts-
spezifische Differenz: Der Geist ist nicht männlich, sondern
Geist der Gattung. Mann und Frau kommen darin überein,
sich aneinander zu entäußern und auseinander zu gewinnen.
Beide kehren auseinander zu sich zurück, genauer: zu ihrem
Kinde. Die Differenz zwischen Eltern und Kind ersetzt den
darin untergehenden „kleinen Unterschied". Die Synthesis
von Mann und Frau ist nicht der Mann oder die Frau, sondern der neue (allerdings männliche oder weibliche) Erdenbürger. Jedes Geschlecht kehrt zu sich übers andere zurück,
indem es zum Geschlecht des neuen Geschlechts fortgeht.
Jeder ist Begriff vom anderen und zugleich Gegenstand des
anderen. Auch mein Bild von dir ist Gegenstand für dich,
und mein Gegenstand bist du nur im Bild von dir. Begriff
ist ein passives Abbild und aktives Vorbild zugleich. Hegel
versuchte einen Begriff von Gesellschaft als Synthese von
Selbsterhaltung und Selbstentäußerung, von Egoismus und
Libido. In der „Phänomenologie des Geistes" unterscheidet
er allerdings das unterirdische Reich des Göttlichen vom
öffentlichen Gemeinwesen des Allzumenschlichen, wenn er
Eva von Adam trennen will. Ist jedes der beiden Geschlechter bei ihm zugleich Begriff und Natur für das andere, oder
sind Vernunft und Natur männlich und weiblich verteilt?

„Mutter Natur" selbst oder eher die Mutter-Kind-
Einheit vor der Abnabelung und Entwöhnung? Das Kind ist
im Mutterleib von der Mutter gleichsam *umgriffen*. Später
macht das Menschenkind die umgreifende Leibeshöhle der
Mutter zum Gegenstand seiner Liebeswünsche. Die „en-
vironmental mother" (Winnicott) wird zum Liebes- und
Erkenntnis-Objekt. Mutter Erde ist Gegenstand u. a. und
zugleich das Ganze aller Gegenstände samt dem Subjekt,
das sich auf sie richtet und nach ihnen richtet. *Periechonto-
logie* wirkt wie eine Sublimationsform von Mater-ialismus,
metaphysische *Chiffre* der Mütterlichkeit von Frau Welt.

Proletarische Intellektualität ist ein Kampf um die
materiellen, sozialen und psychologischen Bedingungen der
Möglichkeit individueller proletarischer Selbstbefreiungen.
Proletarische Individualität entsteht in der Familie, die

zwischen dem Einzelnen und dem Ganzen vermittelt, zwischen Selbsterkenntnis und Allgemeinheit, zwischen Einheit und Einsamkeit. Die Familie ist GemEinsamkeit oder Agentur des Staates. Sie ist Anwalt des ganz Besonderen zwischen atomarer Einzelheit und kollektivistischer Allgemeinheit. Es gilt, die klassischen philosophischen Disziplinen gleichzeitig psychoanalytisch und proletaristisch zu rekonstruieren und zu reformulieren. *Erkenntnistheorie* z.B. handelt von einer Beziehung zwischen Subjekt und Objekt, in der sich das Verhältnis von Mann und Frau verbirgt, auch von Eltern und Kindern oder Herr und Knecht. Beispiel : Ist Mutter Natur an sich so, wie Mann und Kind sie sehen? ¬ Logik z.B. behandelt die homophil(osophisch)e Beziehung des Geistes zu seinesgleichen, nicht zur Mutter Natur, von dem er sich abgrenzt, um nicht wieder von ihr verschlungen zu werden. Logik ist Unabhängigkeit vom besonderen Gegenstand. ¬ Wichtig wird die austauschbare Beliebigkeit des 'Erkenntnis'-Objekts. Irgendjemand kann es sein, gleich-gültig wer. Der Trieb wird griechisch wichtiger als sein Triebobjekt : Logik ist Logik der Polymorphperversität.

Regelt die Ethik eines dekalogisch-kategorischen Imperativs die Beziehungen der Geschwisterhorde nach gemeinsamem Verzicht auf den Monopolbesitz der Mutter Natur? Gibt es eine ödipale Moral? Ist Ethik primär eine Theorie kastrationsdrohenden Inzestverbots und Über-Ichs? Handelt die *Geschichtsphilosophie* von Geschichten, die Zeit brauchen, von Lebensaltern, kosmisch projizierten Generationsfolgen und ihren umdeutenden Verhüllungen? Ist Historie und Phylogenese Projektion von Ontogenesen? Hängt *Ontologie* mit psychischer Ontogenese zusammen? Geht es bei der *Dialektik* ursprünglich um den Dreischritt von Vater, Mutter und Kind? Ist das, was wir 'a priori' von Frau Welt wissen, *vor* aller sinnlichen Erfahrung mit ihr, ganz einfach das, was wir noch von unserer ursprünglichen Symbiose mit der Mutter her wissen? Oder ist das Überich der Ursprung dessen, was in der Philosophie transzendentale Apriorität genießt? Geht es um Über-Ich-Projektionen des Subjekts aufs Objekt?

Nikolaus Cusanus wurde nur von Giardano Bruno gelobt, der von Schelling und Bloch gelobt wurde. Daß wir über Gott nur in Gleichnissen sprechen, ist selbst nur ein Gleichnis, aber wofür? Gott als unendliche (parmenideische) Kugel : der Mittelpunkt ist überall und der Umfang nirgends. (Bei Benjamin ist jeder Augenblick gleich weit von der Revolution entfernt wie jeder Punkt eines Kreises von dessen Mittelpunkt.) Beim Cusaner gibt es schon den Gedanken, daß ich eine Grenze in dem Moment überschritten habe, in dem ich sie ziehe, und sie auch nur dadurch festlege, daß ich über sie hinausgehe. (Was sagt Hegel über Nikolaus?) Die Welt war ihm neuplatonisch die Explikation dessen, was in Gott implizit angelegt sei. Er spricht wie Meister Eckart, den er bewundert, von Ein- und Ausfaltung der Welt. Gott bestimmt er als 'Pot-est' und 'Non-aliud', Welt als 'Alterität' Gottes. Das gottväterliche *Können-sein* ist Potenz und Potentielles zugleich. Die Allmacht wird dann bestimmt als das, was die modernen Mathematiker die Mächtigkeit einer Unendlichkeit nennen. Bei Nikolaus gibt es schon den unendlichen Unterschied zwischen der Unendlichkeit der Welt und der Gottes. Beides ist unendlich und doch nicht in all seinen Teilen „eineindeutig aufeinander abbildbar" aber das eine ist unvollkommenes Abbild des anderen. Platos Idee wird das Unendliche einer bestimmten Mächtigkeit von endlos Endlichem.

Die Welt ist für N. v. C. Explikation Gottes, der sie nicht nur implizit ist, sondern in dem sie eine Complicatio ist, eine innere Vielfältigkeit auf einfältige Weise. Komplexität als Komplizität? Vergleiche das Unendliche bei Nikolaus und bei Cantor-Dedekind. Unterwarf er sich dem Papst, um den Aufstand gegen seinen leiblichen Vater zu sühnen? Wollte er Harmonie, aber Ver-söhn-ung nicht ohne Streit, sondern durch ausgetragenen Streit mit dem Vater?

Bei <u>Hegel</u> ist Vernunft die Einheit der Ablösung von Mutter Natur und der Vereinigung mit ihr im Weibe.

Ein Proletarier muß für sich heute nicht fordern, was der Bürger hat, sondern was der auch nicht hat, wäh-

69

rend der linke Bürger immer für den Arbeiter mitfordert, was der rechte schon hat.

Bacon : „naturam nisi parendo vincimus.(naturam nisi vincendo paremus).“ Auch das ist Dialektik der Aufklärung noch vor der Aufklärung.

Proletarisches Klassenbewußtsein soll zur materiellen Gewalt werden? Es wäre schon gut, wenn die materielle Gewalt, die der Proletarier alltäglich sich antun läßt, ihm erst einmal zum Selbstbewußtsein käme und dieses Bewußtsein dann zur immateriellen Gewalt eines Klassenkampfes gegen eigene Schreib- und Leseschwäche würde.

Maurice *Merleau-Ponty* hatte in „Humanisme et Terreur“ die Moskauer Schauprozesse von 1936 zu rechtfertigen versucht, als ließe sich Stalin gegen die westliche Rechte verteidigen. Er war Stalinist wie Sartre, attackierte aber dessen terroristischen Cartesianismus in "Die Abenteuer der Dialektik" (Paris 1955) als kurzschlüssige Suizidphilosophie, die Autismus mit Autonomie verwechsle (weil das Ich seinen Gegenstand töten müsse, um ihn auch nur eine Sekunde lang zu berühren). Der späte M.-P. distanziert sich von Sartre und Stalin nur, um bei Heidegger zu landen. Also erst geht es mit Sartre und Stalin gegen Hitler, dann gegen Sartre mit Heidegger. Sartre schrieb in "M-P vivant", dieser melancholische Junggeselle habe eine sehr glückliche Kindheit gehabt und den Tod seiner über alles geliebten Mutter nie verwinden können. Die tote Mutter ließ er phänomenologisch wiederaufleben mit Heideggers *Physis*.

Theoretische und praktische Vernunft : Behandle deinen Nächsten nicht nur als Objekt, sondern immer auch als *Ding an sich* selbst, und *erkenne* die Mutter Natur nicht nur als Selbstzweck, sondern immer auch als Gegenstand.

Sinnliche Erfahrung führt bei Kant nur zur Gegenständlichkeit der Objekte. Nur das Denken führe zum *Noumenon*, zu menschlicher Selbstzweckmäßigkeit. Behandle andere wie dich selbst, also dich selbst wie einen anderen?

Hegel *erkennt* sich im anderen und den anderen in sich. Hegels System. Ein System ist ein aus- und durchgeführtes Dogma. Jedem der heute so hochgelobten Fragmente und Essays hat es voraus, angreifbar und widerlegbar zu sein. Man wirft ihm vor, kein Außen zu kennen, aber es macht gerade sein Innenleben zu seiner Außenwelt. Daß es protestierbar ist, wird ihm verübelt? Wird es dafür angegriffen, daß es anders als das Fragment überhaupt angreifbar ist?

"Keine Volksrente ¬ Die Rente muß sich nach der Arbeitsleistung richten". Diese Zeitungsüberschrift ist ein Aufruf zur sozialen Revolution.

Die meisten Krisen sind ja Strategien, sie gerade abzuwehren (Schizophrenien z.B.).

In mittelalterlichen Hexen wurden nur die Engelmacherinnen verfolgt, Abtreiberinnen statt Rumtreiberinnen, nicht, weil der Staat damals Soldaten und Arbeitstiere brauchte, sondern weil dem Monotheismus jedes menschliche Leben heilig ist. In den Hexen wurden des Teufels Buhlerinnen nicht verfolgt, weil sie kinderlose Lust gegen lustlos gezeugte Kinder setzten, sondern weil sie aus Kindern Abtriebwerke machten. Feminismus = Irrationalismus = Antikonzeptionalismus.

Hätte Kant Vernunft nicht auf Naturexperimentalität verkürzt, hätte Schelling die Natur nicht zur schlafenden Muttergottheit machen müssen. Mater-ie : Rohmaterial und Himmelskönigin als Spiegelbilder der Ratio? Die Art, wie Philosophen das Verhältnis von Subjekt und Objekt fassen, ist Modell der Art, wie sie das Verhältnis von Subjekt zu Subjekt fassen. Umgekehrt fassen sie das Verhältnis von Subjekt und Objekt nach dem Bilde des Verhältnisses von Subjekt und Subjekt. Mutter Natur *erscheint* bei Kant als Objekt der 'Erkenntnis' und wird gedacht als Selbstzweck. Ist Freiheit Nicht-für-mich-sein? Transzendentale Ästhetik der sinnlichen Erfahrung und Anschauung korrespondiert einer „transzendentalen Urteilskraft", die die Selbstzweckmäßigkeit-ohne-Zweck in der Natur zum Gegenstand hat.

Marxismus ist keine Wiederholung der metaphysischen These, hinter allem stecke letztlich das Materielle, sei es nun Stoff oder Vermögen, und sei das Vermögen nun Kapital oder andere Potenzen und Potentiale. Nach Marx hatten die Menschen schon immer Ideale, Ziele, Träume, schöne Hoffnungen und Prinzipien, Utopien und Pläne. Was sie bisher nicht hatten, war die „reale Möglichkeit", sie zu realisieren. Dem mittelalterlichen Bauern hätte es wenig genützt, seinen Grundherrn zu erschlagen. Es hätte ihm nicht erspart, weiter in der alten Erde herumzuwühlen im Schweiße seines Angesichts von früh bis spät, von der Geburt bis zum Tode. Erst der Kapitalismus habe das Potential akkumuliert, all diese schönen Wunschträume Wirklichkeit werden zu lassen − Möglichkeiten für den, der sie ergreift, nicht die fatal(istisch)e Notwendigkeit. Der akkumulierte Mehrwert der industriellen Arbeit müsse nur sozialisiert werden, um nicht nur den Produktionsmittelbesitzern zugute zu kommen. Die materielle Grundlage zur Realisierung der metaphysischen Ideen aus der Tradition sei erst heute gegeben. Aber die materielle Basis zur Realisierung nicht nur der großen Ideen von Wahrheit, Schönheit, Güte, Humanität, Frieden, Freiheit, Gleichheit, Brüderlichkeit und Gerechtigkeit, sondern auch aller Ideologien. Mit dem Kapital als gespeichertem Produktionspotential ist ein Mittel erarbeitet und kein Ziel, es zu erreichen. Heute ist nicht die Sozialisierung des Kapitals wirklich revolutionär, sondern erst einmal die Erinnerung daran, wozu sozialisiertes Kapital gut sein könnte. Einst gab es Traumziele ohne materielle Mittel, heute gibt es nur noch materielle Mittel und keine metaphysischen Ziele mehr, die sich damit im Handumdrehen erreichen ließen. Genauer : Die Mittel wurden Selbstzweck, und die Zwecke wurden Mittel zur Schaffung neuer Mittel. Die Produzenten müssen, bevor sie durch Roboter ersetzt sind, diese metaphysischen Ideen erst einmal kennenlernen, die mit Hilfe des kapitalistischen Potentials physische Wirklichkeit werden könnten. Die realen Bedingungen der Möglichkeit, das richtige Bewußtsein in richtiges Sein zu verwandeln, sind seit der industriellen Revolution gegeben, die dem Bürger die Emanzipation vom Adel ermöglichte um den Preis, die Emanzipation der Produzentenklasse von eben diesem Bürgertum zu vereiteln.

Bei Nietzsche wird in der Kunst nicht wie bei Hegel der Sinn sinnlich, sondern die Sinnlichkeit selbst sinnvoll. Keine Idee erscheint, sondern der bloße Schein wird seine eigene Idee. Die Einheit von Geist und Ungeist ist Ungeist, nicht Geist wie bei Hegel.

Bei *Bataille* ist es die Vernunft, welche trennt und ausgrenzt, während der Wahnsinn entgrenzt und vermischt. Aber diese transgression führt eben nicht zum *Anderen,* nur zur grenzenlosen Selbstausweitung, zur Schrankenlosigkeit der Beschränktheit, zur Verschwendungsorgiastik selbsterwählter Eliten, welche die Luxusgüter nicht erwirtschaftet haben, die sie *verausgaben.* Ich empfange und teile Chocs aus, alle verlieren die Fassung und die Verfassung sowieso in all den sakralen Opfern. Hegels Geist bestritt seine Entsublimierung als geistiges Geschäft. Hier wird die Entgeisterung als Sublimation gefeiert.

Bei Hegel tun sich in der Liebe nicht zwei zusammen, die unabhängig voneinander schon gewesen sind, was sie sind, sondern die durch ihre Einheit erst als Individuen wiedergeboren werden aus der in ihrer Liebe wiederbelebten Mutter-Kind-Einheit heraus.

Tritt die Vernunft gegen eine Religion an, die gegen den Mythos antrat, kehrt sie dadurch zum Mythos zurück; Adorno hat es gezeigt. Die stillschweigende Prämisse der Moderne ist der Vernunftgewinn durch Religionskritik und Gottesdestruktion. Aber was die Vernunft an Autoritärem zerstörte, wird ihr nun selbst vorgerechnet von einer neuheidnischen Widervernunft, gegen welche die Religion historisch ja erst entstanden war. Die moderne Subjektivität gegen alle Autoritäten erscheint als autoritär gegen prä-subjektive Naturregungen, gegen deren Übermacht einst das „rigide" Über-Ich dem Ich beisprang.

Ist das Leben die Wiederbelebung eines zu Unrecht Erledigten, also Sühne für uralte Untaten? Benjamin hat daran erinnert : Vergangenheit als Resultat eines Vergehens gegen Unschuldiges, das es zu rehabilitieren gilt in Zukunft. Gibt es Zukunft, solange es unabgegoltene Untat von früher gibt?

Wie Habermas dem reiferen Hegel vorwirft, den (eher erotischen) Intersubjektivitätstheorie-Ansatz von Jena preisgegeben zu haben zugunsten einer Staatsphilosophie, hat er selbst seinen gegen Marx gerichteten Intersubjektivitätsfamiliarismus aufgegeben zugunsten einer „nachmetaphysischen" Aufwertung interagi(ti)erender 'Bewegungen'. Was er selbst verbrochen hat, wirft er Hegel und Marx vor: Erst nimmt er die Familiarität als menschliches Spezifikum gegen den Produktionspraktizismus von Marx in Schutz und den jungen Hegel der Liebesvernunft gegen den alten Hegel der Staatsvernunft, dann verteidigt er selbst die „neuen sozialen Bewegungen", welche seine „kommunikative Rationalität" doch nur 'zweckrational instrumentalisieren', gegen die „kommunikative Vernunft" einer Familie, welche umgekehrt alle Zweckrationalität dialektisch in sich selbst aufhebt, statt sie proletaristisch zu verwerten.

Was wird an der Vernunft nun mehr gerügt, ihre Tendenz zur Zwangsvereinnahmung (Adorno) oder zur Zwangsausgrenzung und Isolierung (Foucault)?

In jeder Einheit steckt für Kant ein Apriori, in jeder Gliederung ein Aposteriori. Aber enthält nicht auch jede Differenzierung und Mannigfaltigkeit schon Apriorität und jede Ganzheit etwas Aposteriori?

Nicht jede Allgemeinheit hat Apriorität, aber das Apriori allgemein. Auch Besonderheit kann so transzendental sein wie Allgemeinheit nur empirisch.

Subjektive Bestimmtheit von Objekten ist nicht zu verwechseln mit subjektiver Ableitung bestimmter Objekte.

Descartes *Cogito* wird zu Kants *Ich denke* anläßlich sinnlicher Erfahrung. Vernunft ist auf eine Erfahrung angewiesen, die schon vernünftig ist. Erst bei Adorno ist die Vernunft so sinnlich geworden, wie bei Kant die Sinnlichkeit schon immer vernünftig ist.

Apriorität gilt immer nur in aposteriorischen Feldgrenzen, wie die empirische Erfahrung nur möglich ist im Rahmen ihrer Apriorität. Seit Heidegger ist das Apriori temporalisiert (auf Tempo gebracht) zur A-Priorität. Das Eine wird zum zeitlich-rangmäßigen Ersten : Apriorität als verzeitlichtes Apriori. Vorrang der Idee, die als Vorbild aus der Zukunft voranleuchtet. Die Zukunft als Apriori aller Vergegenwärtigung. Kant hält Bewegung für eine apriorische Bestimmtheit aller Materie, weil Raum und Zeit das auch seien. (Geschwindigkeit = Weg / Zeit).

Unendlichkeit heißt nicht, etwas Endliches in endlicher Aussage endgültig zu erfassen, sondern in endlosem Fortschreiten, endlos von einem Ende zum anderen. Jede Grenze ist da Mitte zwischen zwei anderen Grenzen.

Vernunftideen sind praktikabel weil unanschaulich o. u.. Ohne Wirklichkeit, aber nur zur Verwirklichung da.

Wissenschaftliches Müssen, ethisches Sollen und Dürfen, ästhetisches Können. *Noumenon* : Schönheit der Mutter Natur, die für jeden Menschen einst ein und alles war, also das Ganze der Welt und nicht nur Ding unter anderen, Schönheit als „sinnliches Scheinen der Idee", als Durchschein der einstigen Ganzheit durch die gegenwärtige Gestalt eines Gegenstandes sinnlicher Erfahrung. Freiheit von der Ganzheit in der Idee von der Ganzheit. Spaltung nicht nur zwischen Subjekt und Objekt, sondern innerhalb des Subjekts (zwischen empirischem und transzendentalem Ego) und innerhalb des Objekts (zwischen Erscheinung und Ding an sich). Physik ist keine Metaphysik der Metaphysik.

Transzendentalität erhebt die Subjektivität von der eigensinnigen Idiotie zur Allgemeingültigkeit und intersubjektiven Objektivität selbst.

Schiller über Kantkritiker, die "ihr armes Selbst in einem behaglichen Dunkel glücklich durchbringen" (erhalten oder verschwenden?)

Die Idee des Ganzen als Idee des Fortschritts. Von der Idee endloser Ergänzungen zum Totalitarismus der Ideenlosigkeit. Das Ganze als das Unüberschreitbare oder als Idee der Überschreitungen, als Transzendenz oder Ziel allen Transzendierens. Das Transzendental als Bedingung aller experimentellen Überprüfbarkeit von Theorien ist selbst gerade nicht empirisch falsifizierbar. Ist jede vernünftige Kritik an Kants Vernunftkritik wieder dogmatisch?

Bei der Kantlektüre. Ist der Sprung von der formalen zur transzendentalen Logik ein Übergang vom Denken zur Wirklichkeit, vom Bewußtsein zum bewußten Sein? Nein. Die Erscheinung affiziert das empirische Ich wie das das transzendentale Subjekt das Ding an sich.

Hegel : Grenzen der reinen Vernunft setzen heißt sie überschritten haben. Ist der Erfahrungsgegenstand etwas zwischen Empfindung und *Erfindung*? Die Grenze aller Begriffe ein Grenzbegriff, Denken des Undenkbaren? Nicht das Undenkbare wird im Noumenon gedacht, sondern dessen Undenkbarkeit selbst. Der transzendentale Gegenstand, das Ding an sich, ist jedenfalls kein transzendenter Gegenstand, und das transzendentale Subjekt eher die Gesellschaft aller empirischen Subjekte als Gott. Kategorien sind Formen der Erkenntnis wie der Erkenntnisobjekte, nicht nur Brillen, sondern Formfabriken des Gesehenen. Das Transzendentale ist im Verhältnis zum empirisch Faktischen einfach die nächsthöhere Meta-Ebene nach Russellscher Typentheorie. („Transzendentale Synthesis der Apperzeption" bedeutet Einheit der Erkenntnisobjekte und des Selbstbewußtseins). Das transzendentale Objekt ist identisch mit dem intelligiblen Subjekt, weil das Subjekt mit dem Subjekt und das Objekt mit sich selbst identisch ist. Definition der Kategorien setzt Kategorien schon voraus. Entweder gibt es Widersprüche, Zirkel oder Tautologien in der Vernunft.

Wiederholungsgewohnheit bewirkt Entstehung der Kausalitätsidee: Hume erklärt also Kausalität aus Kausalität

Um ihrem Wild nachsetzen zu können, setzt Philosophie immer Voraussetzungslosigkeit schon voraus.

Kant kennt keine zwei Welten: Die Hinterwelt ist eine Nichtwelt. Das Ganze der Erscheinungen erscheint nicht selbst. Die phänomenale Welt ist selbst kein Phänomen. Nur die Hinterwelt ist bei Kant eine Welt i.e.S., da das Ding an sich keine Erscheinung ist. Die Welt ist gleichsam *ein* Ding an sich. Das All, das unendlich Teilbare und Erweiterbare, ist nicht an sich gegeben, sondern aufgegeben. Es ist keine Gegebenheit und Begebenheit, sondern eine Aufgabe, deren Lösung nicht aufzugeben ist. Das Ganze erhellt sich durch Verbrennung seiner Details. Erkennen wir auch totum pro parte?

In einem Verbrecherstaat gibt es keine Kriminalität. Nur dort nicht. – Schönheit ohne Interesse an Sein oder Nichtsein, Moral und Nützlichkeit?

„Kritisch" wird Kant erst ab 1769 mit den Antinomien, Raum-Zeit-Grenzen der Welt und Teilbarkeit der Materie wie „Causalität aus Freiheit".

Ist die Substanz als eine Identität im Wechsel ihrer Akzidenzen konstruiert wie das Subjekt oder umgekehrt das Ich wie ein haltbares Ding?

Es kann in Zukunft nie etwas Neues mehr passieren, wenn die Welt keinen zeitlichen Anfang hatte, da dann alles schon einmal gewesen ist.

Unendliche Zukunft kann ja noch verfließen, aber keine unendliche Vergangenheit schon verflossen sein.

Ist die Frage letzter Ursachen eine Frage nach der Grenze der Teilbarkeit oder der Erweiterbarkeit der Welt?

Gefühl = Gewühl? Sinnlichkeit als Chaos : Etwas ist etwas und zugleich etwas ganz anderes. Heute *so* und morgen *so*, statt *heute* so und *morgen* so.

Das Ganze aller Erfahrungsgegenstände ist nie so ganz ein Erfahrungsgegenstand.

Wir können alles denken, was wir erkennen, aber nicht alles erkennen, was wir denken.

Der Gegenstand ist die Einheit der Empfindungen, die Idee ist die Einheit der Gegenstände.

Kategorie: Einheit des Gegenstandes aller Vorstellungen. Idee: Einheit aller Gegenstände der Natur.

Wir haben keine Idee wirklicher Objekte, sondern eine ungegenständliche Idee von der Summe aller möglichen Objekte. Wir haben einen Begriff von Vielerlei und eine Idee vom Ganzen.

Kant auf gut Proletarisch : Der Plebejer ist Bürger zweier Welten : Arbeitstier und Intellektueller zugleich.

Kants Anhänger halten Vernunftbegriffe für halbvoll, seine Gegner für halbleer, seine Anschauung für halbblind oder königlich einäugig.

Was ist besser, Praxis, aber Unvollkommenheit, oder Vollkommenheit, aber nur Theorie. Heute herrscht die unvollkommene Theorie perfekter Praxis.

Die Alternative zur falschen Alternative von Logik und Empirismus ist transzendental : Die Welt ist raumzeitlich weder endlich noch unendlich. Sie ist real endlich und potentialunendlich zugleich. Und der Mensch ist frei und kausalbestimmt zugleich. Ist *das* erneut kausal bestimmt?

Freiheit als die Meta-Stufe zur widersprüchlichen Ebene endlich-endloser Bedingtheiten? So hat *Watzlawick* die Russellsche Typentheorie in die Praxis (des Nervenarztes) eingeführt.

Fichte nannte Kant einen Dreiviertelkopf, der sich an Halbheiten prostituiert habe (mit seinem Ding an sich, das es nicht gebe). Kant nannte Fichtes Welt gespenstisch.

„ ... den Autor besser verstehen, als er sich selbst verstand." (Kant) Wissenschaftliche AllgemEinheit als die Lösung empirischer Differenzen? Transzendentale Selbstbesinnung vernünftiger Unsinnlichkeit?

'Traktat von der Methode' verhält sich zum 'System der Wissenschaft' wie die reine Kritik zur Doktrin einer 'Metaphysik der Natur und der Sitten'?

Theorie ist unsinnlich, und Praxis ist übersinnlich?

Sinnlichkeit liegt außerhalb von Theorie und Praxis, die beide keine sinnliche Erfüllung brauchen. Denken des Wahren – Wollen des Guten – Fühlen des Schönen?

Der Schlüssel zur reinen Vernunftkritik scheint mir darin zu liegen, daß Kant den „inneren Sinn der Zeit" sowohl zur Anschauungsform macht wie zum Schema der Verstandesbegriffe. Die Kategorien werden objektiv gültig durch Vermittlung der „inneren Anschauung". Dasein zu jeder Zeit, zu irgendeiner Zeit und zu je bestimmter Zeit, Dasein immer, irgendwann und gerade jetzt : Begriffe werden auf Wirklichkeit angewendet im geordneten Nacheinander der Vorstellungen von der Wirklichkeit. Zwischen Vernunft und Realität vermittelt die innere Form der Sinnlichkeit. Die Anwendbarkeit der Vernunft auf die Sinnlichkeit geschieht durch die Sinnlichkeit selbst. Reine Sinnlichkeit ist schon ihre eigene Vernünftigkeit selber.

Empfindungsvielfalt wird geordnet zu einem mir gegenüberstehenden Gegenstand. Urteilen als Verteilen auf Ich und Nicht-Ich. Kritik als Unterscheidung von Subjekt und Objekt wird selber kritisch bei Schiller und Hegel.

Ist Objektivität mehr als Intersubjektivität,
Konsens und Konvention von Irren?

Etwas soll nicht mal Ich, mal Nicht-Ich sein dürfen
und nicht mal dieses Ding, mal jenes. Entweder A oder
Nicht-A oder gar B.

Bei Adorno wird Unverfügbarkeit zur Flexibilität.
Ich bin mal hierfür, mal dafür; Dasein für etwas für andere.

Bei Kant ist Sein = Bewußtsein nur auf transzen-
dentaler Ebene. Empirisches Ich nicht identisch mit Ding an
sich oder Erscheinung. Psychologische Zustände sind für
Kant selbst nur Gegenstände der Introspektion, aber nichts
transzendental Subjektives, und der psychologische Innen-
raum selbst gehört zur phänomenalen Außenwelt.

Cogito ergo sum : Nur transzendental wahr. (Keine
intellektuelle Anschauung von einer Substanz, aber `Selbst-
bewußtsein‘). Subjektive Ansicht von der Subjekt-Objekt-
Spaltung. Sie ist nur Objekt für transzendentale Subjekte:
Nicht nur Selbstbewußtsein, sondern Form des Bewußtseins
vom Verhältnis von Sein und Bewußtsein.

Erzeugt der Begriff das Wesen wie die Existenz
die Empfindung? Die Transzendenz des Objekts ins Subjekt
ist das Transzendental, aber nicht *Existenzial* Heideggers.

Der Übergang der reinen Vernunft zur Natur als
Selbstdifferenzierung der Vernunft wird bei Kant unkritisch
dogmatisch und doktrinär. Das Unbewußte transzendentalen Bewußtseins wäre herauszubringen.

Kategorischer Imperativ : Selbstmord und Selbsterhaltung (als Fortpflanzungsverweigerung) sind ja beide
durch Verallgemeinerung widersprüchlich in sich. Keiner
könnte noch so, wenn nun alle so ...

"Regel der Urteilskraft" zur Anwendung des Kate-
gor. Imperativs: "Frage dich selbst, ob die Handlung, die du

vorhast, wenn sie nach einem Gesetz der Natur, von dem du selbst ein Teil wärst, geschehen sollte, sie du wohl als durch deinen Willen möglich ansehen könntest." *(Kant)*

Gewißheit=Richtigkeit, Gewissen=Gerechtigkeit?

„Richten" zweideutig : 1) hinweisen 2) urteilen

Idee, weder Hirngespinst noch obj. Einzelwissen.

Leben ist bei Leibniz eine aktualunendliche, bei Kant eine potentialunendliche Maschine. Leben ist das, was der Verstand daran noch nicht als Mechanik erfaßt hat? Das Leben heißt, die Ursachen und Wirkungen als Mittel und Selbstzwecke zu setzen, Kausalität als Finalität zu sehen.

Leibniz : Vom Monotheismus zur Monarchie der Monaden oder zur Monadologie ohne Monarchie ?

Habe ich mich vor einem Gesetz zu bewähren, das sich an mir zu bewähren hat? Glück suchen im Verfolgen von Zielen oder sein Ziel im Verfolgen des Glücks?

Ist die Natur bei Schelling die der 'Metaphysischen Anfangsgründe der Naturwissenschaft' bei Kant? Oder steht Schelling-Goethe-Schopenhauer gegen Newton-Kant? Ist die „positive" Naturphilosophie romantischer Protest gegen die Technokratie der Naturwissenschaft, also konservativer Antikapitalismus? Diese Begriffe greifen nicht.

Natur scheint bei Schelling Ding und Unbedingtes zugleich: Mutter Natur ist wie jede Mutter ursprüngliche das absolute Ganze und dann nur wie ein Teil des Ganzen unter anderen für das Menschenkind.

Der Mensch als ein Opfer der unbewußt von ihm produzierten und bewußt nur hingenommenen Welt. Er hat Bewußtsein nur vom Gegebensein und nicht von seinem Geschaffenhaben des Seins.

Jedes Experiment ist eine Frage an die Natur, auf welche zu antworten sie gezwungen wird. Aber jede Frage enthält ein verstecktes Urteil a priori.

Dieses Schelling-Zitat paraphrasiert die berühmte Stelle aus Kants KdrV : „ . . . und die Natur nötigen müsse, auf ihre Fragen zu antworten, nicht aber sich von ihr allein gleichsam am Leitbande gängeln lassen müsse." Hier ist die Beziehung von Subjekt und Objekt ganz klar als Verhältnis von Mutter und Kind erkennbar.

Ist im Deutschen Idealismus also von Anfang an die reine Selbstgewißheit des autonomen Selbstbewußtseins relativiert durch Relation auf ein längstvergangenes und ersehnt künftiges Einssein mit Mutter Natur? Es handelt sich um keinen Rückfall hinter Kant zurück in dogmatisch ontologischen Realismus, da diese Natur nur sekundär als physikalisches Objekt, primär aber als substrathaftes Subjekt-Objekt angedacht wird. Schelling entdeckte das DASS DER VERNUNFT, also die Faktizität dieses rationalen Aktes vor allen Fakten. Das Ich Fichtes ist als absolutes Ich (Alter Ego) entweder Mutter Natur oder die Gemeinschaft aller empirischen Ichs. Bei Schelling wie bei Spinoza ist Natur Mutter, von der kein Vater und kein Vaterwerden mehr befreit : „ewig schaffende Urkraft der Welt, die alle Dinge aus sich selbst erzeugt und werktätig hervorbringt. "

Am 4. 02. 1795 schreibt Hegel : „Unser höchstes Bestreben ist die Zerstörung unserer Persönlichkeit, Übergang in die absolute Sphäre des Seins, der aber in Ewigkeit nicht möglich ist." Auch nicht in der Liebe, die Hegel durch Hölderlin philosophisch übernimmt. Hegel will ein *System der Liebe*, in der ein Rückgang zu den Müttern verbaut ist, also der Garten Eden der Kindheit verschlossen ist. Hegel bedauert es nicht, Hölderlin und Schelling beklagen es.

Fragt Bloch, ob bei Schelling Mutter Natur nur die (Ei-)Hülle der „Idee" (Gesicht) ist oder umgekehrt die Idee nur Schleier der Mater-ie?

Hölderlin überschritt als erster Kants „Gränzlinie"
zwischen Vernunft und Natur, zwischen Erkenntnis und
Ding an sich. Biblische Erkenntnis ohne sinnliche Erfahrung oder sinnliche Erfahrung mit dem Ding an sich der
Mutter Natur? Ein Stillstand der Dialektik in der Naturgeschichte als Stillung an einer Mutterbrust der Erde. Aber
Hölderlin ging nicht zurück zur Natur als ein Inzestobjekt,
sondern zur Symbiose mit der präödipal prägenitalen Mutter, einem archaischen Subjektobjekt, keinem Lustobjekt.

Es steht ja seit Schelling nicht ein Subjekt einem
Objekt gegenüber, sondern ein Subjektobjekt gleichsam
einem Objektsubjekt, und das hat der Denker Schelling
vom Dichter Hölderlin, dessen Naturerfahrung Ausdruck
seiner psychotischen Mutterbindung ist.

Die Tübinger Stiftler zitierten sehr gern Platons
Timaios, wo die Rede ist vom Band zwischen dem schönen
Band und den Verbundenen. Hegel wird daraus den Grundsatz der Dialektik machen, Verbindung von Verbindung
und Trennung. Nicht nur ich und du sind verbunden in der
Liebe, sondern auch und gerade die Vereinigung von Gemeinsamkeit und Einsamkeit beider selbst.

Ist der Gegenstand der Philosophie die Aufhebung
ihres Abstandes von ihren Gegenständen? Schelling lehnte
die rechtsstaatliche Verfassung der Freiheit ab, sowohl von
Gottvater als auch von Mutter Natur aus. Er konzipierte mit
seinem Natur-in-Gott etwas Ähnliches wie eine weibliche
Komponente im Vatergott. Die Kabbala sprach von der
weiblichen „Schechina" (Glanz) in Gottvater.

Kant? Das transzendentale Ich wurde Sozialist, das
Ding an sich ein dialektischer Materialist. (Abstr-Aktion) .

Dass wir sind, kommt vom väterlichen Wissen,
was wir sind, kommt vom mütterlichen Wissen der Mutter,
glaubte Schopenhauer. Wahrer Mater-ialist macht Mater-ie
nicht zu seiner eigenen, sondern zur Mutter seiner Kinder.

83

Praktische Vernunft ist unreine Vernunft. Sie treibt Metaphysik als Moral, in der das Ich es nur mit sich selbst zu tun hat, mit einem Über-Ich statt einem Nicht-Ich. Theoretische Erkenntnis der Mutter Natur ist nicht erlaubt, aber sittliche Behandlung : Logische Unmöglichkeit als Folge sittlicher Verbote. Schelling war peinlich darauf bedacht, hinter Kants Kritizismus nicht dogmatisch zurückzufallen, aber er wollte das transzendentale Ich als Ding an sich (und umgekehrt) erweisen. Die praktische Vernunft schafft sittlich mit dem Ding an sich, was sinnlich unmöglich ist.

Die Natur ist auch bei Schelling kein inzestuöses Erkenntnisobjekt des Menschensohnes, aber ontologisches Subjekt, eben Mutter. Theorie von der Unmöglichkeit einer Theorie der sehr gemochten Mutter. Absolutes Ich der Mutter, empirisches Ich des Menschenkindes? „Absolutes Ich" der Mutterkind-Einheit, empirisches Ich von Mutter und Ich. Mutter ab-solut abgelöst vom Sohn und umgekehrt? „Intellektuelle Anschauung" Schellings identisch mit dem *intellectus archetypus originarius* Kants? Amor dei intellectualis sive natura? Schellings „Epikureisch Glaubensbekenntniss Heinz Widerporstens" von 1799 verrät noch den erotischen Grundton der Naturphilosophie. Aber je mehr die Natur Mutter wird, desto mehr wird sie Ursprung, desto weniger wird sie Erkenntnis- und Lustobjekt.

Ließe sich sagen, das Schlimmste am klassischen deutschen Idealismus sei nicht gewesen, daß er zu wenig materialistisch, sondern daß er zu wenig idealistisch war? Der „aufrichtige Jugendgedanke", den Marx an Schelling gegen dessen Spätwerk verteidigte, stammte zu sehr von Hölderlins Rückgriff hinter den biblischen Gott auf die Götter Griechenlands und den platonischen Eros, um eine realistische Idee des Lebens zu begründen.

Nur bei Schelling klingt an, daß der Mensch sich emanzipiert nicht als Arbeitstier, sondern nur durch künstlerische Naturbearbeitung. Marx griff das auf.

Im deutschen Idealismus erstarkt der Erdensohn gegen seine Elternphantome in dem Maße politischer Herrschaft des Bürgertums über den Adel und industrieller über die Natur zugleich. Technische Herrschaft über die Natur ermöglichte erst die Herrschaft über den Feudalismus.

Mit Fichte beginnt die *Dialektik des Scheins*, die bei Kant aus der Verwechslung von Phänomenen mit Dingen an sich und umgekehrt resultieren, eine Dialektik des „Ichs an sich" zu werden.

Es gab verschiedene Möglichkeiten, die geistig durchgespielt wurden. These : Vater. Antithese : Ödipus. Synthese : Vaterschaft des Sohnes oder Rückkehr des geschlagenen Sohnes zum Vater im Himmel und zur Mutter Erde. These : Vater. Antithese : Mutter. Synthese : Menschenkind als neuer Erdenbürger, nicht nur männlicher Sieg über Mutter Natur. ·These : Mutter Erde. Antithese : Erdensohn. Synthese : Rückkehr des Erdensohnes in den Schoß der Mutter Natur, tot oder inzestuös. These : Inzestwunsch nach der Mutter. Antithese : Verdrängung durch Vater. Synthese : Rückkehr ins Bewußtsein als Inzestverzicht.

Was Fichte, Schelling und Hegel als freie Natur dachten, hätten sie als menschliche Natur des Proletariers denken sollen, um Marx zu übertreffen?

Kant widerlegte die Triftigkeit aller Gottesbeweise durch einfachen Hinweis darauf, daß aus dem Begriff keiner Sache ihre Existenz folge, daß die Existenz im Wesen nicht bereits analytisch mitgesetzt sei. Gott sei Begriff eines Wesens, dessen Begriff seine Existenz impliziere. Sartre drehte später den Gottesbeweis so um, daß das Wesen aus der Existenz beim Menschen genau so wenig folge wie bei Gott die Existenz aus seinem Wesen in meinem Kopf. Kant bewies eher die Überflüssigkeit aller Gottesbeweise als ihre Unmöglichkeit. Fichte ersetzte die sinnliche Anschauung, die allein bei Kant Existenz verbürgt, durch Handeln.

Fichte wollte die Vernunft als Freiheit von Natur, Schelling die Natur als Freiheit von Vernunft und Schopenhauer den Willen als Natur ohne Vernunft. Die Existenzphilosophen wollten Freiheit von Natur und Vernunft zugleich. Schelling entdeckte in der Vernunft die *zweite Natur* und in der Natur ein vernünftiges Ich. Sein Absolutes war nicht die Natur, sondern die Mutter-Kind-Zweieinheit von Natur und Geist.

Anders als Hegel mißtraute Fichte dem Staat, dem institutionalisierten Mißtrauen aller gegen alle. – Trotzdem war es Fichte, der Preußen gegen Napoleon verteidigte und Hegel Napoleon gegen Preußendeutschland. Fichtes 'Geschlossener Handelsstaat' wurde im Kampf gegen den bloßen Notstaat zum autarken Notstaat. Er vernichtet die Freiheit durch jeden Akt, der sie ermöglichen soll. Das Arbeiterkind Fichte hielt es für nötig, vor allem Arbeiterkinder von ihren Eltern zu trennen und in staatlichen Anstalten zu erziehen, wenn auch zu mehr als bloßen Arbeitstieren. Das ist nur entschuldigend zu erklären durch seine eigene Kindheit. Ein Adliger und ein Geistlicher ermöglichten seine Emanzipation. Fichte und Hegel hatten so wenig Kunst- wie Naturverständnis, nur Schelling machte die Kunst zum „Organon der Philosophie“. Seine Kunstphilosophie ist für eine proletarische Metaphysik so brauchbar, wie die Marxisten seine Naturphilosophie für ihren Materialismus in Dienst nahmen. Kunst dient proletarischer Emanzipation eher als Naturwissenschaft und -philosophie (die ihn nur an die Materie fesseln, an der er sich für andere abarbeitet).

Die Proletarisierung der Schellingschen Kunstphilosophie statt seiner Naturphilosophie scheint wichtig. Die Kunst vom Absoluten her zu werten, steht dem nicht im Wege. Es geht um Individualisierung der Kunstschablonen. Journalisten schreiben extra Ordinäres über außergewöhnliche Dinge, Schriftsteller jedoch Ungewöhnliches über ganz gewöhnliche Sterbliche. Philosophen denken gewöhnlich Ungewöhnliches über ungewöhnliche Dinge, und gewöhnliche Leute sagen gewöhnliche Dinge über gewöhnliche Menschen. Wer hat Recht?

Je mehr sich die Welt, desto weniger bewegt sich seine Feder, die nur aufwacht, wenn alle Welt schläft. Am meisten fiel ihm auf dem Papier ein, wenn der Welt in Wirklichkeit nichts mehr einfiel. Warum soll er seine Aufmerksamkeit auf etwas richten, das ohnehin schon Hinz und Kunz beschäftigt? Aber von Kontemplation sprechen, wenn alle Welt von Aktivisten spricht, ist die Aufgabe und das Vergnügen der Intellektuellen. Was schon im Rampenlicht steht, braucht nicht mehr seinen Senf dazu. Ihn ruft nur, was durch Aktualitäten gerade ins Dunkel abgedrängt ist, als werde etwas immer nur prominent gemacht, um anderes in der Versenkung verschwinden zu lassen. Immer gilt es dagegen, Verschüttetes auszugraben. Wiederholen, was alle Spatzen schon von den Dächern pfeifen, soll nur brutwarme Gemeinschaft erzeugen und jedem bestätigen, daß er endlich richtig liegt.

Je mehr etwas so wird, wie es immer war, umso mehr ändert es sich ständig.

„Wenn der Sozialismus ... ausscheidet, fängt... die Weltuntergangsstimmung erst richtig an." (Jurek Becker). „Das Ende des Kommunismus ist ein Sieg der banalen Praxis, aber auch das Ende der aufklärerischen Illusionen." (A. Sczypiorsky).

Neues ist Altes Testament für Menschen, die lieber Schweinefleisch essen, als sich beschneiden zu lassen, und die lieber ihren Nächsten lieben, als Zehn Gebote zu halten.

Werden Deutsche *Patrioten*, wenn man nur ihren Nationalismus behindert?

Manchmal denke ich, daß ich nicht mehr lange leben werde, und dann denke ich daran, wie oft und lange ich das schon gedacht habe im Leben.

Der Gegenstand der Philosophie ist meine Freiheit, etwas zum Gegenstand zu machen und ihn von seiner Gegenständlichkeit zu befreien. Eine Philosophie sollte eine

Paradoxie sein und aus jedem logischen Fehler eine Philosophie machen können, um jedes Problem zu vergrößern.

Nathalie *Sarraute* gehört in die Philosophie : Sie würde unterhalb und in den Werken eine philosophische „sous-conversation" entdecken, ohne zu projizieren.

Die Weigerung von *Jaspers*, die Existenz eines Gegenstandes mit dem Gegenstand der menschlichen Existenz zu verwechseln, ist dem biblischen Verbot abgeguckt,

Gott zu vergötzen und die Götzen zu vergöttern. Früher verwahrte sich die Wissenschaft gegen die Philosophie, heute ist es (so und auch) umgekehrt.

„Philosophisches Denken setzt als solches immer einen Akt ... des Entblößens voraus." *(Jeanne Hersch)*. Die Jaspers-Schülerin sagte : Ein voller Kopf muß kein guter Kopf sein, aber ein guter Kopf kann kein leerer Kopf sein.

Soll man in der Schule Physik lernen oder den Wunsch, Physiker zu werden? Kinder sind Reaktionäre: Sie kennen die Welt noch nicht lange genug, um sie anders zu wünschen. Der „antiautoritäre" Lehrer protzt damit, nicht mehr als seine Schüler zu können. Antiautorität ausüben heißt, keine beneidenswerte Überlegenheit mehr verkörpern, auf welchem Feld auch immer. − Wenn auch der schlechte Lehrer keine Demut vor seiner Autorität mehr hat, hat der Schüler sie erst recht nicht. Der schlechte Lehrer ist so gut wie das Wissen, das er weitergibt,

Experten fragen die Dilettanten nach dem Wesentlichen ihres Spezialgebietes : Philosophie, Wissenschaft und Technik könnten nur in Europa blühen, denn nur Europa kultiviert den Verzicht auf totalitäre Ganzheiten, also *piecemeal engineering.*

Kunst kommt von Können, sagen die bloßen Kenner. Sie kommt aber von Erkennenwollen und nicht Erkennenkönnen. Sie ist real existierendes Nichterkennenkönnen.

„Jedes Gesetz, das einen Menschen an seine Arbeit zurückschickt, wenn er sie aufgeben will, ist in Wirklichkeit ein Gesetz gegen entlaufene Sklaven." (*G. Chesterton*: "Autobiography", deutsch Freiburg 1952, Seite 326)

Der Buddhist verwirft das Wissen, um Erfahrungen zu machen. Der Philosoph macht Erfahrungen, um Wissen zu erwerben. Das ist so richtig, daß nicht einmal das Gegenteil falsch ist.

Deutsche Aufklärung : Sich seines eigenen Verstandes ohne Lenkung durch andere zu bedienen, wie Kant fordert, macht Mut zur eigenen Idiotie, denn der eigene Verstand ist der Common Sense, oder der reine Wahnsinn tritt als Vernunft auf.

Meine *idée mère* ist, daß der Vater uns vom Rockzipfel der Mutter emanzipiert und die Mutter uns umgekehrt vor diesem ungeliebten Gatten beschützen wird.

Moskauer Philosophiekongreß 1989 : Ausgerechnet Heidegger verdrängt Marx. *Glasnost* als Offenheit der Seinslichtung? Der Westen liest Heidegger, weil die Technik hier zu gut funktioniert, die Russen lesen ihn, weil die Technik bei ihnen überhaupt nicht funktioniert.

Jeder Einzelne fällt ja unter das allgemeingültige Gesetz, sein individuelles Gesetz zu finden oder zu erfinden, unter das nur er und kein anderer fällt. Gott schafft die Welt aus dem Nichts, der Mensch seine Welt aus allgemeinen Voraussetzungen.

Der deutsche Existenzialist entdeckt sein Wesensgesetz, der französische erzeugt es. Muss der Philosoph denken, wie er lebt, oder wenigstens leben, wie er denkt?

Denkanstoßgebet : Herr, hilf mir, daß ich mir von Dir helfen lassen kann! Er handelt seltener durch Worte, als daß Er durch Taten spricht.

Gütig sein und darin dann der Beste sein wollen, ist ein moralisches Paradox.

Ist Chirurgie das Gegenteil von Psychologie? Im einen Fall haben wir Angst, weil sich einer in unserem Inneren zu schaffen macht, im andernfalls macht sich einer in unserem Inneren zu schaffen, weil wir Angst haben.

Er hatte keine rechte Freude an sich, pflegte und konservierte sich aber in der Hoffnung, eines Tages wieder mehr mit sich selbst anfangen zu können.

Wenn wir mehr über den Denker wissen, verstehen wir auch seine Philosophie besser, ohne die wir den Menschen gar nicht begreifen. Umgekehrt klingt es nicht besser.

Morgens machte er die Augen nur auf, um zu sehen, daß er blind war, und er war taub genug, seine Ohren weit aufzusperren, sagte der Lahme.

P, bekommt viel Applaus für geringsten Aufwand, aber wer wenig Beifall findet, muß deshalb nicht mehr Mühe aufgewendet haben.

Fast freute ihn, daß die Jugendzeit vorüber war, in der so viel Revolutionsschwung von einem erwartet wird, Von einem Sechzigjährigen wird anderes verlangt, und das glaubte er schon eher bieten zu können.

"Hat einer nur so viel Freiheit, um gesund zu leben und sein Gewerbe zu treiben, so hat er genug, und so viel hat leicht ein jeder." Solchen Goethe wehrte Novalis ab.

Intellektuellbogenfreier Schriftstellereibesitzer.

Wer aus seinem Leben kein Kunstwerk zu machen versteht, kann immer noch aus Kunstwerken sein Leben machen. Um Philosoph zu sein, dachte er zu viel nach. Trat er auf die Bremse, streikte der Magen, trat er aufs Gaspedal, drohte der SLE. Gegen den SLE verurteilte er sich zur Leblosigkeit, gegen die Magenbeschwerden verschrieb er sich Aktionswut. Dazwischen wurde der Spielraum knapp.

Gegen Kierkegaard spricht auch, daß der biblische Gott gerade nicht fordert, die Liebe zum anderen Geschlecht der Liebe zu Gott zu opfern. Beides widerspricht einander so wenig, daß es einander fordert.

Wenn die erzkapitalistischen Errungenschaften des Bürgertums nach dessen Sturz sich nur retten lassen um den Preis eines real existierenden Sozialismus, ist das Kapital nicht wert, gerettet zu werden, sondern wird zur Fessel statt zur Basis der klassenlosen Gesellschaft. Wenn ich zwischen mich und die Natur Maschinen nur so schieben darf, daß ich mich samt Maschinen zwischen die Natur und meine Herren schieben lasse, möchte ich lieber wieder Sklave der Natur als der Herren sein, für die ich sie bearbeiten soll.

Maimons Dialektik der Aufklärung : Er kam nicht aus der Enge des östlichen Ghettos in die helle Weite der deutschen Aufklärung, sondern aus der Weite der biblischen Vernunft in die technokratisch verkürzte und bürgerlich bornierte Form des Rationalismus.

Das Gegenteil einer Neigung ist gar nicht Pflicht, sondern Verneigung oder Erhebung.

Wissenschaft beschäftigt sich nicht zufällig mit dem zufällig Wesentlichen über dem wesentlich Zufälligen, Philosophie hingegen mit dem nicht zufällig Unwesentlichen über dem zufällig Nichtzufälligen der Wissenschaft.

Früher wußte man über den Körper weniger als über Geist und Seele, heute ist es umgekehrt. Früher trübte der Leib die Selbsterkenntnis der Seele, heute ist es angeblich umgekehrt. Mathematik macht heute die Materie so durchsichtig, wie früher sich das Bewußtsein war? Für Spinoza hätte Materialismus geheißen, das Klare aus dem Verworrenen zu erklären. Der Mensch sei nicht frei zum Guten oder Bösen, sondern das Gute sei nichts als Freiheit

zum Bösen und umgekehrt die Freiheit zum Guten das Böse
selbst. Der Haß gegens Schlechte sei und mache schlecht.
Vernunft sei „Amor Dei intellectualis". Das Wichtige bei
Spinoza ist nicht, daß der Affekt intellektuell ist, sondern
daß umgekehrt die Vernunft wie bei Pascal eine Form der
Liebe ist, um Begierden zu kultivieren. Körpererregungen
seien unklare Ideen, Ideen aber deutliche Leibessensatio-
nen. Der Verstand richtet sich bei ihm auf den Affekt wie
der Affekt auf seinen Gegenstand und schneidet ihn
dadurch von ihm ab. Fichte und Sartre studierten beide
Spinoza und konnten seinen Fatalismus nur ertragen, indem
sie das *Deus sive natura* mit ihrem *absoluten Ich* identifi-
zierten, wie Spinoza die Natur mit Gott identifiziert hatte:
Das Sein sei undurchsichtig, nur das Bewußtsein durch-
schaue sich selbst.

DIAMAT : dialektische Synthese von Lumpenpro-
letarisierung der Diktatur und Diktatur des Kontraletariats.

Der Aphoristiker kommt auf den Gegen-Satz oder
den Hund.

Alle Menschen sind sterblich, heißt es vor allem in
der Logik. Wer tot ist, soll deshalb wohl schon ein Mensch
gewesen sein?

Auffällig viele modernere Philosophen auch in
Deutschland sind damit beschäftigt, die Philosophie nicht
nur in den Rang einer möglichst strengen (Natur-) Wissenschaft oder wenigstens wissenschaftlichen Wissenschafts-
theorie zu bringen, sondern auch Einzelwissenschaften in
all ihren Grundbegriffen, Forschungsmethoden, Wahrheits-
kriterien und Geltungsansprüchen zu einem bevorzugten
Gegenstand ihrer Reflexion zu machen. Um nicht wieder in
den Geruch einer pseudo-religiösen Heilslehre und eines
Begriffsschamanismus für verkrachte Künstler zu kommen,
will sie nur Wissenschaftsphilosophie oder philosophische
Wissenschaft sein. Wer nicht bevorzugt über Wissenschaften nachdenkt, will wenigstens selbst als Wissenschaft ernst
genommen werden, und Philosophien, die nicht selbst

strenge Wissenschaft sein wollen, suchen wissenschaftliche
Seriosität, indem sie einzelwissenschaftliche Grundbegriffe
zu ihren Hauptobjekten machen. Solange Proletarier nun
aber nichts als Hiwis oder gar Forschungsobjekte des Wis-
senschaftsbetriebs sind, besteht für sie einstweilen kein
Grund, die Möglichkeiten ihrer Selbstemanzipation an die
Erkenntnisfortschritte einer Wissenschaft und Industrie-
technik zu binden. Eine nichtbürgerliche Wissenschaft ist
bisher nicht einmal in Ansätzen am Horizont sichtbar und
skizzierbar, wenigstens nicht von Arbeitern selbst, die ja in
Wissenschaftlern keine Mit-Arbeiter haben. Der DIAMAT
macht sie weniger zu Revolutionssubjekten als zu Konter-
revolutionsobjekten. Will sagen : Ob der Sozialismus wissenschaftlich daherkommt oder nicht, proletarisch brauchbar ist er weniger zur Selbstbefreiung als zur Selbstentfremdung des einzelnen Plebejers. Und wenn wir enttäuscht
beklagen, daß Wissenschaft und Technik heute antiproleta-
risch nicht allein im Kapitalismus wirken, dann ist damit
keinem obskurantistischen Intuitionismus das Wort geredet,
sondern die Notwendigkeit, auf historisch tradiertes Skla-
venselbstbefreiungswissen zurückzugreifen, das durch den
Siegeszug der mathematischen Naturwissenschaft und ihrer
industriellen Nutzanwendung eher verschüttet als freigelegt
wurde. Die europäische Aufklärung hatte stets ihre eigenen
reaktionären Mythen. Zum Beispiel hat sie das Kind mit
dem Bad ausgeschüttet, als sie das gesicherte und kontrol-
liert bewährte biblische Wissen zusammen mit dem institutionalisierten Herrschaftswissen der christlichen Kirchen als
autoritären Aberglauben verwarf. Die Angst auch der Philosophie, ihre theoretische Dignität einzubüßen, wenn sie
nicht selbst als Wissenschaft sich ausweist, ist eine bürgerliche Sorge um Reputation und nun ohne emanzipatorisches
Interesse. Solange die Wissenschaften eher Herrschaftswissen als Sklavenemanzipationswissen bereitstellen, dürfen
die Opfer sich gegen den Moloch Wissenschaft so heftig
wehren wie gegen den Moloch Wirtschaft überhaupt, was
von der Verpflichtung zu klarem, an der Erfahrung der
Realität prüfbarem Denken gerade nicht entbindet, sondern
ohne Rückhalt beim wissenschaftlichen Fortschrittsbetrieb
gerade diese Verpflichtung ganz besonders einschließt.

93

Der Proletarier kann an popularisierten Resultaten der Wissenschaft teilhaben, aber nicht am wissenschaftlichen Fortschritt und an den Entscheidungen über Forschungs(ein)richtungen. Er müßte sein eigener Wissenschafts-, Kultur- und Bildungspolitiker sein, also Autodidakt und gnadenloser Amateur.

Natur- und Geisteswissenschaften : Soll man das Verstehen erklären oder das Erklären verstehen können ?

Was dem einen sein Kopf, ist dem andern seine Fußnote : Daß das Sein das Bewußtsein bestimmt, ist bei Marx ebenso veränderungswürdig wie bei Adorno erstrebenswert. Daß das Bewußtsein das Sein bestimmt, gilt Adorno als ebenso fluchwürdig wie für Marx als Ziel jeder Revolution. Und Adornoschüler Habermas, der sich von Adorno und Marx freischwamm, wollte das philosophische *Bewußtseinsparadigma* ganz aufheben. Er ersetzte es durch so etwas wie kommunikatives Bewußtlosigkeitsparadogma.

Literatur ist mehr als Tagebuch. Sicher dürfen auch proletarische Künstler weder Sklaven fremder noch eigener Produkte werden, aber wenn Kunst ein Mittel möglicher Befreiung ist, dann kann man sich nicht befreien, indem man sich von den Emanzipationsmitteln emanzipiert. Sich durch die Kunst und in ihr befreien heißt ja nicht, sich von ihr zu befreien, wenn die Arbeit schwerer wird. Die Befreiung des Künstlers gelingt nur im Gelingen seiner Werke, nicht in der gelingenden Befreiung von der Kunst. Seit 20 Jahren versuche ich, meine ureigensten Antriebe und Regungen wenigstens auf dem geduldigen Papier in eine für mich und andere verständliche wie sinnlich reizende Form zu bringen, aber ich brauche keinen Minderwertigkeitskomplex, um meinen verzweifelten Versuchen einen großen Wert abzusprechen, sagt der zur Besinnung kommende Schriftsteller. Der Künstler beschließt, nicht mehr wert zu sein als sein Werk, und er läßt sich erschaffen von dem Werk, das er erschafft. Wenn er sich in einem Werk objektiviert, wird dieses Werk Subjekt : Der Künstler läßt es kämpfen für sich, gegen andere und um andere, es vertritt ihn draußen in der Welt. Die Autonomie gerade des proletarischen Künstlers, der mit dem materiellen Existenzminimum Minimal Art produziert, ist lebenswichtig, aber sie ist nichts ohne die Autonomie seines Werks. Autonomie des Künstlers und Autonomie des Kunstwerks sind nur Kehrseiten derselben Siegermedaille. Es braucht schon eine gehörige Portion Selbstbewußtsein, um Schriftsteller zu werden, aber sein Selbstbewußtsein reicht auch nicht viel weiter als die Qualität seiner Werke. Ein gutes Kunstwerk ist vollkommen gelungen, und ein mittelmäßiges ist deshalb schon ein schlechtes Kunstwerk. Die Abhängigkeit geistiger Unabhängigkeit von materieller Unabhängigkeit ist immer neu zu reflektieren. Als ich noch Programmierer war, war der Computer schuld, wenn der Essay nicht so ganz gelingen wollte, und wenn das Computer-Programm nicht so gut funktionierte, dann deshalb, weil ich gleichzeitig ja Meisterwerke schreiben wollte. Heute hindert mich kein Computer mehr, diese Meisterwerke zu schreiben, und ich kann mich nicht mehr auf meinen leidigen Brotberuf berufen, wenn sie nicht kommen wollen. Lange wagte ich meinen Brotberuf nicht aufzugeben – aus lauter Angst nicht nur davor, daß dann materiell nicht genug da wäre, sondern auch geistig zu wenig da sein könnte. Werkzeug der Befreiung des Künstlers von inneren und äußeren Zwängen ist das Kunstwerk nur, sofern es Selbstzweck und kein Mittel für außerkünstlerische Zwecke ist. Bedeuten kann mein Werk nur .das für mich, was es auch an und für sich bedeutet und für andere. Es ist unerträglich, keine Meisterwerke zu schaffen, aber noch unerträglicher ist es, sie nicht mehr schaffen zu wollen und es damit nicht immer aufs Neue versuchen zu können. Was mich krank macht und kränkt, ist die bisherige Vergeblichkeit meiner Versuche, ein Werk zu schaffen, das standhält. Ich habe eine Schwäche für das starke autonome Werk, und die Schwäche meiner Arbeiten hat zur körperlichen Immunschwäche geführt. Die großen Werke der Tradition entmutigen, indem sie ermutigen – irgendwann gab mein Immunsystem nach, es wurde schwach vor der Qualität fremder Werke, die zum strengen Über-Ich geworden waren. Widerstandslos lag ich auf den Knien vor dem Widerstand, den fremde Meisterwerke dem

Bestehenden leisteten. Die Kritiker des Bestehenden zu kritisieren hätte bedeutet, dem Kritisierten zu verfallen. Mit 17 Jahren las ich Sartre und sah jahrelang die Welt mit seinen Augen. Danach hatte ich jahrelang die Brille Adornos auf der Nase und dachte nur noch in seinen Begriffen. Diese schwächende Schwäche für die Autonomie der Großen ist Vergangenheit: Seit ich die Philosophen psychoanalytisch entschlüssele, habe ich aufgehört, mich mit Haut und Haaren an sie zu verlieren und mich ihnen zu verschreiben, wenn ich selbst schreibe. Ich eigne sie mir nur noch an, indem ich sie weiterdenke. Man muß schon Eigenes in die Werke anderer zu investieren haben, wenn sie zu sprechen anfangen und ihre Eigenleben enthüllen sollen. Ich reiße die Elemente aus ihren gewohnten Zusammenhängen und stelle sie in neue Zusammenhänge, ich präge dem vorgefundenen Material eine qualitativ neue Form auf, aber dieses qualitativ Neue muß Qualität besitzen, um dem Künstler existenziell weiterzuhelfen. Er beschließt, genau das zu sein, was sein Werk ist.

Plebeia philosophia qua libido sciendi

Nietzsche will die mächtige Mutter Natur selbst sein, die er nicht bekommt. Heidegger bekämpft Nietzsches Wille zur Macht über Mutter Naturs Übermacht übers Menschenkind und will Kind der Mutter Natur bleiben. Er will nichts von ihr wollen. Heidegger will, was Mutter Erde will daß der Menschensohn sie nicht wollen soll. Gottvater ist tot, Heidegger will Vater weder sein noch haben, sondern im offenen Schoß der Mutter Natur geborgen sein. Schopenhauer will Mutter Natur ganz für sich durch Verzicht auf sie. Sein Nirwana ähnelt Heideggers 'Seyn' und 'Nichts'.

Bloch will die Natur durch Arbeit zur Mutter machen und zusammen mit ihr gegen Gottvater und die Landesväter und Doktorväter kämpfen. Auch Spinoza will im Schoß der Mutter Natur verschwinden.

Kant hatte laut Schopenhauer auch davon gesprochen, daß Adam seine Eva will, aber nicht ganz erkennen kann, was sie an sich ist, weil sie an sich hält und anerkennt werden muß als verbotene, an Gottvater schon vergebene Frucht. Hinter dem Kind steht Mutter Natur als Ursache. *Ding an sich* heißt : Mutter Natur ist nicht nur Erkenntnisobjekt, sondern will ihrerseits das Subjekt erkennen. Adam kann nicht erkennen, daß Eva ihn will, aber am eigenen Leibe spüren. Jeder Wille erregt Widerwille und verfehlt sein Ziel. Der Wille zum anderen Geschlecht ist zu verneinen, weil er ständig verneint wird durch den Ödipuskomplex des Wollenden. Jeder Wille erregt den Unwillen des gleichgeschlechtlichen Elternteils im Wollenden selbst. In Hegel wehrt Schopenhauer den ab, der den Lebenswillen auch überall sieht, aber nicht vereitelt durch die bürgerliche Welt. Hegel sieht ihn bürgerlich befriedigt, Schopenhauer nicht einmal weltbürgerlich. Für Hegel ist jedes Menschenkind die Einheit von weiblicher Einheit und männlicher Differenz. Marx findet eine Watzlawick-Lösung zweiter Ordnung : Die Welt Schopenhauers und Hegels ist nur die bürgerliche, die sozialistisch zu verneinen ist, während die ganze Welt christlich oder buddhistisch zu überwinden ist. Nach Freud vergißt Marx das kollektive Über-Ich, das die Erdensöhne daran hindert, den Vaterfiguren das Mater-ielle wegzunehmen. Papa ist tot, es lebe der Übervater! Man könne die Väter entmachten, aber unbewußte Schuldängste würden die Väter übergroß wiederbeleben und den Genuß der Güter vergällen. Schopenhauer schüttet das Kind mit dem Bad aus und verzichtet auf Liebe zusammen mit dem Inzest. Da Mama ihm nicht zu Willen war, mag er gar nicht mehr. Descartes nabelt sich durch das Denken von Mutter Natur ab : Das ist es, was die modernen Anticartesianer ärgert, die heim ins Reich der Mütter wollen.

Er verbindet den *modus humili dicendi* mit der Aristokratie überlegener Überlegungen : Wird ein Aphorismus als eine Reflexionsstufe gelesen, wird er als umso besser empfunden, je weniger harmlos er inzwischen geworden ist. Jeder will gewitzter sein als seine Vorgänger und ist doch potentiell naiver als seine Nachfolger. Man kann seine Aphorismen aus den Aphorismen von Vorgängern machen, indem man sie als bloße Rohstoffe auffaßt, die auf höhere Reflexionsstufen zu heben sind. Er altert und ist durch immer neue Drehungen an der Schraube auf die Höhe seiner Zeit zu bringen oder stirbt an der Grenze seiner Mutationskraft. Jeder ist entweder ein zu überarbeitender Rohling oder Schrott.

Da liegt der Unterschied : P. räumt ein, daß das *Geistige* heute zu kurz komme, als sei es eine Sparte neben anderen wichtigen und zu lang gekommenen Dingen, wo es doch in Wirklichkeit die alles entscheidende Grundlage sein sollte für alles.

Daß der intellektuelle Unterdrückte gedruckt wird, erdrückt seine Klassenfreunde.

Tagebuch formt den Alltag und wird vom Kunstwerk in Form gebracht. Es ist Form vor dem Alltag und Rohstoff vor dem Werk. Und oder Oder.

Heidegger und Sartre haben nach Husserl betont, daß Natur, bevor sie für ihre Menschenkinder Erkenntnisobjekt sein könne, eine ganze Frau Welt sei, in der wir alle „drin" sind, ohne einem besonderen Weibe beizuwohnen: unvergegenständlichte „Lebenswelt".

Genie als Ingenieur oder umgekehrt?

Industriearbeit war für Marx primär Entfremdung von künstlerischer Produktion; der Proletarier war ihm ein verhinderter Romantiker. Marx und Hegel : Dieser erzeugt Menschen, jener zeugt geistige Kinder. Materielle Produktion wird bei Marx nach dem Bilde romantischer Geniekunst, geistige Produktion bei Hegel nach dem Bilde unromantischer Liebe begriffen. Hegels 'Aufhebung' der bürgerlichen Gesellschaft landet bei der Liebesvereinigung mit Vater Staat, Marxens Aufhebung entfremdeter Arbeit durch künstlerische Produktion und Rezeption landet bei einer Parteikollektivität einer neuen Mutter Kirche. Stehen sich

bei dialektischem Idealismus und Materialismus nur ästhetische Produktionsweisen und erotische Denkweisen gegenüber? Ist die Gesellschaft also nun eine Liebesinsel oder
Künstlerkolonie? Gemeinsamer Nenner : Kunst als Liebes-
kunst. Dialektik : Hegel denkt an leibliche Produktion des
Menschen, Marx aber an seine künstlerische Sublimierung?
Welche Verkehrung von Geist und Körper!

Marxens Artistenphilosophie zwischen Schelling,
Nietzsche und Adorno? Narzißtische Selbstbespiegelung im
Kunstwerkfetisch. – Ist der Arbeiter ein Familienvater und
Staatsbürger (Hegel) oder ein ausgebeuteter Kunsthand-
werker mit brotloser Kunst (Marx)? Kunst spricht nie von
Arbeit, aber davon, daß Arbeit keine Kunst ist und Kunst
keine Arbeit? Ist die klassenlose Gesellschaft die Gemeinschaft der Einzelgänger, die lockere Assoziation von
Kunstproduzenten? Marx sieht den Proletarier als verhinderten Künstler, Valéry und Musil den Künstler umgekehrt
als inspirativ verhinderten Homo faber. Ist die Kunst der
Revolution eine Revolution der Kunst bei Marx? Das Verhältnis von Arbeiter und Natur ist 'zweckrational', von Arbeiter und Kapitalist 'kommunikativ' nach J. Habermas.
Kunstluxus als Surplus über bloßer Selbstreproduktionsnot-
durft ?

Habermas wirft Marx und Hegel in einen deutschen Eintopf : Erkennen und Handeln seien kein Verhältnis von Mensch zu Mensch, sondern ein Subjekt bestimme
ein Objekt praktisch oder lasse sich theoretisch von ihm
bestimmen.

Ist Begriff als einzelne Allgemeinheit und Existenz
als allgemeine Einzelheit zu begreifen? Aus Gottes Wesens
begriff folgt nach *Philos* negativer Theologie so wenig
seine Existenz wie aus Gottes Existenz umgekehrt sein
Wesensbegriff.

Bibel als Alternative zur falschen Alternative von
Dia-Gnostikern und Agnostikern oder Herrschaft der Hand-
und Mundwerktätigen?

99

Es gibt kein Individuum, bei dem die Natur sich nichts gedacht hätte, und der Schöpfer selbst oder durch die Natur hindurch setzt keine Automaten in die Welt, sondern vielversprechende Hoffnungen, die allerdings so frei sind, sich begraben und zu Automaten machen zu können. Ich bin nicht so frei, nicht geboren worden zu sein und nicht sterben zu müssen, aber so frei, um herauszufinden, welche Affekte mir noch Spielraum geben, sie zu beantworten.

Ich denke, also bin ich, sollte der Arbeitssklave sagen. Descartes hatte Recht und kommentierte damit Buddha : Ich bin, was ich denke. Ich denke nur, daß ich denke, geben Witzbolde zu bedenken, und die meisten Gedanken sind in der Tat nur Formen, sich gesellschaftliche Imperative zu eigen zu machen und sie für eigene Gedanken zu halten und auszugeben. Ich selber glaube es zu sein, der denkt, aber allzu oft ist es nur die Gesellschaft, die in mir und durch mich hindurch denkt. Wer dieses gedankenlose Denken zurückweist, das sich durch ihn hindurch vollzieht, droht in eine andere Falle zu tappen, nämlich in den Eigensinn, der sich leicht zu dem Wahn versteigt, gegen alle Welt Recht zu haben. Zwischen der Scylla des einsamen Wahns und der Charybdis der gesellschaftlichen Wahrheit muß das eigene Denken hindurchsteuern, wenn es nicht stranden will entweder an Konfusion oder an Konvention. Der Schwache ist am stärksten allein, und selbst die Starken werden in der Gemeinschaft gemeinsam schwach. Ich bin, was ich denke, und daher so frei und so gut wie meine Gedanken − wenn ich nur will. Die Philosophie, die der Arbeitssklave braucht, ist nicht der Materialismus, der kollektive Bedingungen an seine Befreiung knüpft, sondern der Idealismus, der ihn nicht auf seine materielle Lage reduziert, die es gleichwohl genau zu analysieren gilt. "Dasselbe nämlich sind Sein und Denken." Der Spruch des Parmenides läßt sich auch lesen als : Mein Sein ist mein Denken, und das Denken des Seins ist das Sein des Denkers.

Die Hand ersetzt nicht den Kopf, aber das Denken kann die „gesellschaftliche Aktivität" überflüssig machen. Sartres Aktionismus tut keinem Leser weh, sondern kommt nur seiner eingefleischten Neigung entgegen, sich blind in Unternehmungen zu stürzen und zu hoffen, daß ihm dabei die Gründe für diese Happenings schon einfallen werden. Das Denken verhindert nur das unbedachte Handeln, das bereut zu werden pflegt, und aus richtigen Gedanken folgt ganz von selbst ein richtiges Handeln, über das man sich keine Gedanken machen muß. Sage mir, was du denkst, und ich sage dir, wer du bist. Ich denke aus einer Gesinnung heraus, die Kant "Denkungsart" nannte. Die Sonderstellung des Menschen im Kosmos besteht in der Sonderstellung des Kosmos im Menschen, die wir Denken nennen, eine Form des Bewußtseins, die seine Abhängigkeit vom Unbewußten reflektieren und durch Reflexion schrittweise eindämmen sollte.

Denken war auch und gerade den Philosophen bis noch vor einem Jahrhundert das Anthropologikum schlechthin : Der Mensch ist das Wesen, das denken kann, *animal rationale*, also nur Mensch, soweit er denkt und nicht nur nachdenkt, was ihm vorgedacht und vorgemacht wird. Er hat selber zu denken, aber nach logischen Gesetzen und Regeln, die er dabei nicht neu erfinden muß und darf. Seit offenkundig nicht alle Menschen von dieser Fähigkeit Gebrauch machen und gleichwohl nicht vom Menschsein ausgeschlossen werden sollen, lag es nahe, das spezifisch Menschliche nicht in einem Vermögen zu suchen, das nur Berufsphilosophen zu beherrschen glauben, sondern in Verhaltensweisen, die auch bei Denkfaulpelzen und Dummköpfen regelmäßig anzutreffen ist, wie etwa Lachlust, Teamarbeitswut oder „aufrechter Gang" zur Urne.

Kant sah im Denken nur eine Sache der formalen Logik von möglichen Dingen, Hegel hingegen eine Sache der objektiven Erkenntnis von wirklichen Dingen. Ein Denken, das nicht in sprachlich fixierbaren Gedanken kulminiert und darin dann zur Ruhe kommt, ist ein bloßes Sinn(ier)en. Für Plato war nicht schon die subjektive Meinung (Doxa), sondern erst die reine Idee ein wirklicher Gedanke.

101

Platonisch an dieser Idee war ihre Weigerung, sich nach realen und konkreten Dingen zu richten. Ein Gedanke ist ein logisch geordneter und kommunizierbarer Einfall, der kein Zufall ist, sondern eine kultivierbare Empfänglichkeit voraussetzt und eine günstige Stimmung. Nicht jeder kommt auf eigene Gedanken, die letztlich immer Auswege aus heiklen Lebenssituationen vorschlagen, aber was da auf Gedanken kommt, ist kein bloßes Naturtalent, das der eine hat und der andere nicht, sondern die Kultivierung einer Disposition und Disziplin. Denken ist reine Verstandestätigkeit und nicht selber jene sinnliche Rezeptivität, die sie allerdings voraussetzt, wie Kant erkannt hatte.

"Denk daran und vergiß das nicht", sagen wir, aber das Gedächtnis ist kein Reservoir von wirklichen, sondern ein Rohstofflager für mögliche Gedanken. Das Andenken, das Heidegger meint, ist ein Gedenken und kein Nachdenken, das der Wirklichkeit hinterherdenkt. *Präposita* zeichnen das Feld des Bedenkenswerten oder des Bedenklichen vor : Wer sich alles Erdenkliche ausdenkt, betont das Innovative der geistigen Erfindung, und wer umdenkt, betont den Richtungswechsel der geistigen Bemühung. Denken, lateinisch *co(a)gitare*, heißt wörtlich : zusammentreiben, was auseinanderlaufen will, also das Geschiedene (wieder)vereinigen. Der Mensch ist nur frei, soweit seine Gedanken frei sind, über den Rest der Welt hat er nicht halb so viel Macht.

Denken ist die geistige Tätigkeit schlechthin und war das Wesen des Menschen, bevor gedankenlose Menschen die Philosophie okkupierten. Wer nicht denken kann oder es sich leichter machen will und trotzdem Anerkennung als Mensch sucht, findet die Auszeichnung seiner Gattung vor Tieren und Pflanzen z.B. im gesellschaftlichen Handeln oder in anderem geisttötenden Zeitvertreib. Jahrhundertelang war der Mensch Geist vom Geiste Gottes, dann trieb die Aufklärung mit den Geistern den Geist selber aus und entdeckte das Sein, welches das Bewußtsein so bestimmt, daß es zu keinem menschlichen Selbstbewußtsein kommen kann. Marx bestimmte den Arbeiter als einen

Menschen, der durch seine Arbeit bestimmt ist, aber genau dazu sollte der Arbeiter sich selber nicht bestimmen. Der „homo oeconomicus" ist eine Erfindung von Arbeitstieren, die gern alle Menschen in ihre Fabrikhallen einsperren würden, aber ein Arbeiter, der nur nachdenkt, wird deshalb nicht Geisteswissenschaftler.

Seit Hegels Tod ist auch die Geistesphilosophie tot. Niemand spricht mehr vom Geist, sondern nur noch von Weingeist oder von Geisteswissenschaften, die sich mit allem Möglichen beschäftigen, nur nicht mit dem Geist, weder mit den Volksgeistern noch mit dem Geist Gottes. Hegels "Weltgeist zu Pferde" wich einem ebenso zeitlosen wie geistlosen Zeitgeist, der nur „spirituell" manipuliert.

Für Kant war Geist das belebende Prinzip selbst. Ein Mann von Geist belebte eine Gesellschaft durch seinen Witz, indem er ihre "produktive Einbildungskraft" durch "ästhetische Ideen" in gesunde Bewegung setzte. Eine Philosophie, die den Geist nicht rehabilitiert, verliert den Menschen an die Naturwissenschaften oder Schlimmeres. Geist kann heute nicht mehr das Band sein, das die überfragmentierten Einzelwissenschaften noch einmal wieder theologisch oder metaphysisch verklammert. Wer sich von den Naturwissenschaften noch etwas erhofft, schmeichelt sich gern mit der geisteswissenschaftlichen Kompetenz, ihr humane Ziele zu setzen und ihren kapitalistischen Wildwuchs demokratisch zu zivilisieren, aber das ist nicht erst seit dem Ende des Sozialismus obsolet geworden. Faktisch werden die Naturwissenschaften sich ja noch unabsehbar ausweiten, aber geistig sollte der Industriearbeiter, der ihre technischen Anwendungen betreibt, längst über sie hinaus sein. Geist ist heute eher in der Natur als in deren Wissenschaften zu suchen, aber nun nicht als Waldgeist, sondern als Naturtalent. Er ist nicht das Vermögen der Berechnung und Planung, aber auch nicht die Begeisterung derer, die aus der Not, davon einfach nichts zu verstehen, schon eine Tugend machen.

Kein Mensch ist mit derselben versiegelten Ordre auf die Welt gekommen wie der andere. Die meisten sind lebenslang zu beschäftigt, um ihren Geburtsbrief je zu öffnen, den ihnen der Schöpfer in die Wiege gelegt hat. Wenn ich mir nicht selbst das Gesetz gebe, auf mein eigenes Gesetz zu verzichten, erfülle ich in einem verborgenen Plan eine geheime Mission, die niemand als ich erfüllen kann. Was vor der Gesellschaft ein Witz ist, ist vor Gott eine Weisheit : Kein Mensch würde geboren, den ein anderer vertreten könnte. Aber was sollen deine ganzen Selbst(er)-findungen, wenn du mit dem Fund nichts anderes anfangen kannst, als dich damit abzufinden, daß du dich einfach gut findest und deshalb wohl befindest? Das Ich ist hassens-wert, sagt Pascal, und er meinte es moralisch. Wir meinen es nicht unmoralisch, aber nichtmoralisch. – Ein guter Schachspieler muß kein guter Mensch sein, und ein schlechter Mensch kein schlechter Schachspieler. Was ist mit dem begeisterten Schachspieler, der an seinem Sport nur Freude hat, wenn er Weltmeister wird? Er haßt sich, solange er Weltranglistenzweiter ist, und hetzt sich, bis er mehr ist als alle, also auch mehr als er selbst. Heute ist viel die Rede von "Überschreitungen", aber damit sind nur dif-fuse *Selbstentgrenzungen* ins Beliebige gemeint und keine grenzüberschreitenden Höchstleistungen. Kunst kommt von Können, und durchschnittliche Künstler sind deshalb auch schon schlechte Künstler. Wer "Es" am besten von allen kann, ist Meister in seinem Fach. Er übertrifft nicht nur andere, sondern mit jedem neuen Werk auch sich selbst. Er sticht sich und andere aus, will immer besser werden, und nicht nur in der moralischen Disziplin. Aggressivität gegen Konkurrenten ist nur als "Autoaggressivität" möglich, als unbarmherzige Peitsche, die du gegen dich schwingst. Was soll eine "Selbstverwirklichung", die keine perfektionisti-sche Selbstüberschreitung ist? Auch und gerade "Selbst-findung" schützt nicht vor Selbstzerstörung, denn wer seine eigenen Ziel- und Wertvorstellungen gefunden hat, muß sie ja immer noch gegen seine eigene Trägheit in die Wirklich-keit überführen. Wenn er das nicht schafft und trotzdem an ihnen festhält, drohen Depressionen, die auch ins Körper-liche umschlagen können. Unerreichbarkeit demütigt, ob es sich um ureigene oder nur zu eigen gemachte Ziele handelt. Heute begnügen wir uns damit, "verinnerlichte Fremdziele" durch ureigenste Wünsche zu ersetzen, und wollen nicht wahrhaben, daß das eine nicht weniger als das andere, wenn es denn ernstgenommen wird, unerbittliche Selbstausbeutung bedeutet. Wer von sich verlangt, ein wirklich guter Schachspieler oder guter Mensch zu werden und das nicht schafft und auf das hochgesteckte Ziel gleichwohl nicht verzichten kann, der wird bitterböse auf sich (oder stellvertretend auf andere, die daran gar nicht schuld sind). Auch bei großen Dingen genügt es nicht, sie wenigstens gewollt zu haben.

Wird einer krank, weil er sich auf dem Weg zu seinen Zielen überarbeitet oder damit er ein Alibi hat, wenn er sie nicht erreicht? Macht er sich krank, um ertragen zu können, sie nicht erreicht zu haben? Du kannst böse auf dich oder mich werden, weil du Moralnormen oder weil du egoistischen Wunschbildern von dir selbst nicht gerecht werden konntest, mit Freud gesprochen, weil du vor dem "Über-Ich" oder dem "Ich-Ideal" versagt hast. Wer sich übertreffen muß, um sich zu erreichen, hat nur die Wahl zwischen Schuldgefühl und Scham vor sich selbst. Der Schuldbewußte und der von Ehrgeiz Zerfressene, der eine wird böse auf sich, weil er kein guter Mensch, und der andere, weil er kein guter Schachspieler geworden ist − und niemanden gefunden hat, den er dafür verantwortlich machen kann. (Mancher ist nur zu stolz, um andere als sich selbst für sein Scheitern schuldig zu sprechen.) Einer fühlt sich nicht gut, weil er nicht gut gegen andere ist. Andere fühlen sich schlecht, weil sie schlecht zu sich selber sind. Der eine bestraft sich, weil er anderen nicht genügt, der andere verurteilt sich, weil er sich selbst nicht genügt, und der Stolze verlangt noch nicht halb so viel von anderen, wie er von sich selbst erwartet.

Ich falle zusammen mit anderen Individuen unter denselben Begriff, den ein anderer sich von uns macht und durch den er uns beherrscht. Wir alle sind gleich vor diesem Begriff, unter den wir fallen, und ich kann dieser Gleichschaltung nur entgehen, indem ich mir als Individuum meinen eigenen Begriff mache von diesem Begriff, den andere sich von mir und meinesgleichen machen. Mein Begriff von deinem Begriff von mir soll triftiger sein als dein Begriff von meinem Begriff von dir. Objekt sein heißt, Individuum eines Begriffs zu sein, und Subjekt sein heißt, Begriff von einem Individuum zu haben. Das Individuum wird Subjekt, indem es sich einen Begriff von anderen Individuen macht, und der Begriff wird Objekt, indem er Individuum eines anderen Begriffs wird. Ein Individuum überschreitet sein objektives Begriffensein durch seine Individualität, und unbegreiflich ist das Individuum allein dadurch, daß es Inbegriff ist und sich diesen Begriff macht, der sein Begriffensein begreift. Und das begreifende Individuum ist kraft seines Begreifens unbegreiflich. A ist oder sei B : Ein Urteil verurteilt jemanden dazu, etwas anderes zu sein, als er will. Ob es zutrifft oder nicht, es kann zurückgewiesen werden oder nicht. Richtet nicht, damit ihr nicht gerichtet werdet, sagt die Bibel. Heute heißt es : Lege Berufung ein mit neuem Beweismaterial oder richte deine Richter und erkläre sie für befangen, damit ihr Urteil kassiert oder zur Bewährung ausgesetzt wird – Verurteile deine Verurteilung triftig!

Das *Principiuin individuationis* liegt ja nicht im Materiellen, wie die Tradition bis Marx will, oder im leiblichen Ergriffensein, wie Hermann Schmitz meint, sondern in dem, was ich aus dem mache, was das "affektive Betroffensein" (Schmitz) aus mir gemacht hat. Unvergleichlich und unaustauschbar bin ich nicht schon durch die Angst, die mich selbst und keinen anderen packt, sondern erst durch die Stellungnahme meiner Gestaltungskraft zu dem, was mir zustößt. Sicher gibt es keinen Zweifel für mich, daß ich es bin und kein anderer, der meinen Schmerz jetzt spürt, sicher nagelt er mich auf meine unausweichliche Individualität fest, aber solche Art von Persönlichkeit wäre nur erlitten wie eine Erbanlage und kein Verdienst. Eine Individualität, die nur eine bestimmte Art wäre, sich einzulassen auf ihre schicksalhaften Prägungen, wäre eine objektive Tatsache unter anderen, der sie nur zustimmte.

106

Selbstseinkönnen ist auch eine individuelle Leistung, die sich allerdings in einem beurteilbaren Werk objektivieren muß, wenn sie keine bloße Einbildung bleiben soll, und die Einbildungskraft muß sich mit Urteilskraft verbinden, um der Realitätsprüfung standzuhalten. Das Individuum entfaltet seine Anlagen, indem es sich und andere übertrifft, und überschreitet sich ebenso paradox nur, indem es sich selbst entwickelt. Entwicklung ist eine zielstrebige Form der Selbstübertreffung. Nicolaus Cusanus verstand den Schöpfergott als "Seinkönnen" (Possest), und als Ebenbild seines Schöpfers wäre der Mensch als potentielle geistige Potenz bestimmt. Nicht nur Kunst kommt von Können, sondern auch Liebes- und Lebenskunst. Es gibt sogar gekonnte und ungekonnte Wut. Der Könner ist der Kenner der Umstände, die seinem Talent günstig oder ungünstig sind. Wer sein Talente nicht verkümmern läßt, wuchert mit den anvertrauten Pfunden. Selber leben heißt, das Licht der Welt und der Vernunft aus dem Gewicht der mitbekommenen Begabungen leuchten zu lassen. Der Mensch ist vernunftbegabt, der Einzelne ist auch selbstbegabt. Die Begabung als Mitgift Gottvaters und der Mutter Natur kommt aus Erbanlagen und steht in den Sternen. Sie gehört zu den göttlichen Eingebungen, die ja veruntreut werden können. Richtig leben heißt, das von Gott verliehene Talent nutzen, ohne Sein Gesetz zu verletzen. Es gibt nicht nur eine Anlage zum Guten und Bösen, sondern auch eine zum Guten und Mangelhaften, zum Gelungenen und Mißglückten. Wenn kein Mensch auf der Welt nicht von Gott gewollt ist, dann auch mit den nur ihm eigenen Fähigkeiten. Selbst sein heißt, genau das zu tun, was niemand sonst auf der Welt tun könnte und je getan hat. Jedermann ist bestimmt zur Selbstbestimmung und platzt in eine Gesellschaft, die schon vollständig ist und niemanden mehr vermißt oder erwartet. So disparat die bisherigen Kulturleistungen einander nun auch ausschließen bis zum gegenseitigen Vernichtungskampf, das Auftauchen jedes neuen Erdenbürgers homogenisiert sie zu einem damit überschrittenen Feld von Versuchen, die darin übereinkommen, plötzlich irgendjemandem nicht mehr zu genügen, der seine Mitmenschen dann mit seiner eigenen Unzufriedenheit zu infizieren versucht, bis genü-

107

gend viele Leute einen wahren Heißhunger auf das original Neue entwickelt haben. Jedes Individuum ist ein potentieller Bedarfswecker für das brandneue Angebot seiner Werke, in denen seine originale Subjektivität sich so objektiviert, daß das Objekt genügend subjektiv ist, um diese Subjektivität erst zu konstituieren. Mit jedem Menschen, der auf die Welt kommt und von seiner Potenz her verstanden wird, nicht nur Menschen zu zeugen, werden potentiell genügend viele Menschen und Kulturschöpfungen herausgefordert und in Frage gestellt, um ihn nicht überflüssig zu machen. Gib zu verstehen, wie du es verstehst und worauf du dich verstehst, indem du aus dem biographischen Fundus deiner Getriebenheiten und Getroffenheiten schöpfst. Jedes Individuum schneidet ein Kontinuum durch und sprengt mindestens einen Inbegriff, aber nur durch seine eigenen Werke, und sei es durch die besondere Art, in der es die vorgeschriebenen Werke tut. Alles kommt darin überein, sagt jeder, nicht so (gut) zu sein wie mein Beitrag.

Jede Kultur ist eine Verabredung, sich in jedem Augenblick für vollendet zu halten, und keine Geburt hält diese Verabredung ein, sondern ist eine Kündigung dieses stillschweigenden Vertrags. Jeder "affektiv Betroffene" ist ein Übertroffener oder ein Übertreffender, denn aus jeder affektiven Betroffenheit muß nicht nur eine Besonnenheit der Sinnlichkeit wachsen, sondern auch eine effektive Vortrefflichkeit von Leistungen. Erst das geistige Begriffensein macht aus dem "leiblichen Ergriffensein" ein gültiges Individualitätsprinzip. Der Einzelne individuiert sich, indem er sich nicht in Wittgensteins stumme „Privatsprache" einschließt, sondern sich der allgemeinen Normen und Mittel, Gesetze und Regeln bedient, um eine individuelle Konstellation von Bestimmungen zu werden, die allen gemeinsam sind. Das Werk bestätigt seinen Schöpfer, indem es ihn und die Werke anderer übertrifft. Es individuiert sich und seinen Schöpfer, indem es Kontexte auflöst und die Bruchstücke zu sachlich oder subjektiv neuen Kontexten zusammenfügt. Beim Kunstwerk, das ein Kunst-Stück ist, wird das flagrant. Das Werk als kon-kretes Ergon aus Potenz und Akt, aus Dynamis und Energeia, ist eine neue Wirklichkeit, die das

bisherige Wir-cliché aufhebt, und verwirklicht die Anlagen
des Schöpfers, sich selbst zu bestimmen. Die indogermani-
sche Wurzel von *Können* und *Kennen*, Gebären und Erzeugen, ist dieselbe. Geistige Kinder sind dem Individuum
zuzurechnen, leibliche nur die Gattung : Kinder bekomme
ich, Gedanken mache ich mir.

Fähig sein heißt ursprünglich imstande sein, etwas
(emp)fangen, (be)greifen und (er)fassen zu können. Der
Verfasser eines Kunstwerke faßt sich und bringt in Fassung,
was ihn angefaßt hat. Ein Aphorismus faßt sich sogar besonders kurz. Interpreten befassen sich mit Verfassern von
Werken, die Edelsteinfassungen von Gemütsbewegungen
sind, und gehen aus von "Fassungen erster und letzter
Hand". Das Wahre ist ursprünglich das Vertrauenswürdige
und im Aus-Spruch sicher Verwahrte, das von einem
Flecht-Werk Bedeckte, das dann von uns entdeckt und
aufgedeckt werden kann. Ursprünglich umfangen und ein-
gefriedet, geschützt und geschont ist aber das Kind in den
Armen der Mutter. Das Werk gewordene Wahre ist primär
das Umwundene, Verschlossene, Abgesperrte, Abgegrenz-
te, Abgesonderte, das buchstäblich im monadischen "Aphorismus" steckt. Das Abgesonderte ist nicht nur das Absonderliche, sondern das samt und sonders ganz besondere
Ungemeine und ausgezeichnet Hervorragende. Sprachlich
bedeutet es eigentlich : eigen, abseits, für sich, auseinander,
weit weg und *ohne*. Wer ganz Besonderes schafft, wird der
erste. *Schaffen* hat zwei Bedeutungen, die schwache meint:
tätig sein und zustande bringen, die starke meint : schöpfe-
risch gestaltend hervorbringen durch stetes „Schaben".

Kunst ist die Potenz, die frühe Zweieinheit von
wohlbehütetem Menschenkind und wohlgeformter Magna
Mater in einem beliebigen Material so gekonnt nachzufor-
men, daß diese Beziehung als Ganzes fühlbar wird, bevor
sie durch das Dazwischentreten einer emanzipierenden
Vaterfigur in Mutter und Kind endgültig zerfällt.

Wer zuerst kommt, mahlt zuerst. Der Erstling
gehört Gott. Wenn der zeitlich erste auch der rangmäßig

erste ist, genießt er Priorität in wissenschaftlichen Entdeckungen und künstlerischen oder technischen Erfindungen. Der *Erste* ist der Superlativ von *eher* (früher). Im Wettbewerb gibt er einen zum Besten. Der erste führt die Ordnungszahlen an und jede gute Besserung. Der Schöpfer erbringt Hochleistungen. Leisten heißt nachspüren, einer Spur folgen und dann als erster und einziger am Ziel ankommen : Schuster, bleib bei deiner Leistung. Der Zweck ist ursprünglich der Zielpunkt auf der mit Zwecken befestigten Zielscheibe. Der *Ziel*- und *Zeit*-Abschnitt haben die gleiche Sprachwurzel. Niemand ist der Erste und Beste in allen Disziplinen, sondern nur in seiner besonderen Sportart, in dem Kunst- und Wissenschaftszweig, für den er sich qualifiziert hat. Der Meta-Wettkampf ist der Wettstreit um die rangmäßig höchste Wettkampfart. Nur dann entsteht die Frage, ob es ehrenvoller ist, der zweite in der ersten Disziplin zu sein oder der erste in der zweiten. Der Sieger leistet das Vortrefflichste und trifft das Ziel vor allen. Das Vorzüglichste wird allem anderen vorgezogen, und das wirklich Erstklassige ist immer eine "Klasse für sich", d.h. das Werk eröffnet eine neue Klasse von Werken und ist vorerst deren einziges konkurrenzloses Exemplar und Mustermodell. Das Gelungenste ist als erstes ans Ziel gelangt, hat seine Vorgänger und Mitläufer überholt und überragt sie. „Er will und kann nicht" : Wollen heißt noch nicht Können. Mögen heißt nicht Vermögen, und das gilt nicht nur zwischen den Geschlechtern. Auch die bloße Möglichkeit, ob sachlich oder gar nur logisch, ist noch keine Fähigkeit, die sich erst in einem wirklichen Werk erweist, das die wahre Weisheit seines Schöpfers verwahrt. Etwas können und potent sein heißt, einer Sache mächtig sein und sie nicht nur mögen, also ein wichtiges Werk zu bewirken und sich selbst mit einer Wahrheit darin wehrhaft einzuschließen zu einer nomadisierenden Monade, die sich einen Namen macht, der ihr doch nur vom göttlichen „Numen" gegeben und in die Wiege gelegt wurde. Die persönliche Begabung dazu ist die göttliche Ur-Eingebung. Das Werk ist ein Kunst-Stück, das der Mit- und Nachwelt etwas Unnachahmliches vormacht und dadurch eine Klasse für sich ist, daß der Klassenprimus primär von der Schulklasse zur

Gesellschaftsklasse avanciert. Das erstklassige Kunstwerk des Werk-tätigen „verrät" nicht die Gesellschaftsklasse, in der es entsteht, sondern bestätigt und verfeinert sie. Kunst ist potent(iell)e Selbstbe(s)tätigung des Individuums gegen die Allgemeinheit und ihre Allgemeinbegriffe, Angriffe und Übergriffe. – Ein Können ohne Einverständnis, aber kein Können ohne ein Verständnis per Verstand.

Das theoretische Verstehen von etwas versteht sich dabei praktisch auf etwas und umgekehrt. Die Verständigung über das Verstehen, und das wird im irrationalen Zeitalter auch von Berufshermeneuten unter den Tisch gekehrt, ist ohne *bloßen* Verstand nicht möglich. Wer imstande ist zu verstehen, steht nicht wie die Kuh vorm neuen Tor, sondern ist ein Intellektueller, wenn er das Ergebnis seiner Tätigkeit nicht für sich behält, sondern öffentlich macht. Bei Hegel verbindet die Vernunft, was der Verstand trennt, und wenn beides zugleich geschieht, ist das der Witz bei der Sache, der nicht nur den Witzbold verrät, sondern Menschenwitz, welcher am Ursprung von Wissen, Weisheit und gewitzter Erfahrung steht. – Die Rolle von Hegels Weltvernunft übernimmt beim Neophänomenologen Hermann Schmitz ihr Gegenspieler, der Affekt, der die Versöhnung alles Getrennten durch fassungslose Verwirrung des Gestalteten besorgt, wenn ich von Heideggers Existential Angst in die Enge des Leibes getrieben werde. Adorno (an)erkennt nur begriffliche Totalität, die den Einzelnen kastriert, und kein vorbegriffliches Ganzes, in dem er unreduziert eingebettet ist.

„Seit den Tagen Alexanders des Großen gehört es zum guten Ton zu meinen, das Reisen sei angenehm und überaus bildend. In Wirklichkeit ist es so ziemlich der anstrengendste und doch langweiligste Zeitvertreib, und, abgesehen von dem Fall einiger weniger Fachleute, die zu ganz bestimmten Zwecken Globetrotter sind, versorgt es sein Opfer lediglich mit mehr Gesprächsthemen, an denen es seine Unwissenheit beweisen kann ... Wer einen Dom zehnmal gesehen hat, hat etwas gesehen; wer zehn Dome einmal gesehen hat, hat nur wenig gesehen; und wer je eine halbe Stunde in hundert Domen verbracht hat, hat gar nichts gesehen. Vierhundert Bilder an einer Wand sind vierhundertmal weniger interessant als ein einziges Bild, und niemand kennt ein Caféhaus, solange er nicht oft genug hingegangen ist, um die Namen aller Kellner zu wissen. Das sind die Gesetze des Reisens. Wäre das Reisen so begeisternd und belehrend, wie die neueste Weltreisepropaganda so beredt behauptet, dann wären die weisesten Männer der Welt Matrosen auf Frachtdampfern, Eisenbahnschaffner und Mormonenmissionare. Das Betrüblichste am Reisen aber ist die schauderhafte Mühe, die es macht. Wenn es etwas Schlimmeres gibt als das bis zum Schmerz ermüdende Hinausstarren aus Kupee-Fenstern, so ist es die nervöse Unruhe, in die man gerät, wenn man Fahrkarten besorgen, packen, Züge heraussuchen, in rüttelnden Schlafwagenbetten liegen, sich ohne Wasser waschen, Pässe herausholen und sich durch den Zoll kämpfen muß. Sich in Karlsbad aufzuhalten ist gut, in San Remo müßig zu gehen, ist heilsam für die Seele, aber von Karlsbad nach San Remo zu kommen, ist des Teufels.

Tatsächlich lügen die meisten der mit der Gewohnheit des Reisens Geschlagenen bloß über die Freuden und Vorteile dieser Beschäftigung. Sie reisen nicht, um etwas zu sehen, sondern um sich selbst zu entrinnen, was ihnen nie gelingt, und um dem Gezänk mit ihren Verwandten zu entgehen – nur um neue Verwandte zum Zanken zu finden. Sie reisen, um nicht denken zu müssen, um etwas zu tun, genauso wie sie Patiencen legen, Kreuzworträtsel lösen, ins Kino gehen oder die Zeit mit irgendeiner anderen fürchterlichen Beschäftigung totschlagen zu können. All dies entdeckten die Dodsworths; allerdings gestanden sie es, wie die meisten auf dieser Welt, niemals ein."

Sinclair Lewis : „Sam Dodsworth" (1929)

La Vieillesse

Im Alter soll man schmunzeln
über Gicht und über Runzeln?
Erst rank und schlank, dann krank,
erst alt, dann kalt,
erst rot, dann weiß,
erst heiß, dann Eis,
erst Scheiß, dann Greis?

Soziale Sanktionen
tun sich nicht mehr lohnen.
Von *alten Schweden*
sollen wir hier reden
wie von Corona-Leichen,
die aus Medien nie mehr weichen?

Das Alter liest den *Psalter*:
Man verbringt sein Leben
wie sein ganzes Streben
in Hetz und auch im Netz
wie ein einziges Geschwätz?

Prosaverse sind wie Sprüche
aus der feinren Hexenküche:

Hohes Alter hat jedes Alter zugleich.

Im Alter will das Gedächtnis nicht mehr,
das Denken wollte nie.

Jugendsünden : Alterserscheinungen.

Bloßes Altern und Veralten
ist die (erst)beste Selbstverwirklichung.

Lebenswege : Trampelpfade
von altkluger Naseweisheit
zu kindischer Altersgeilheit.

Jedes Lebensalter hat einen Rückzug vor sich,
der es vorzieht, seine Vorzüge zu sehen.

Man kann nicht reifen, ohne zu faulen,
aber altern, ohne zu reifen,
und nicht jünger werden,
ohne unreif zu bleiben.

Mancher bleibt gern infantil, um nie zu altern.

Schiller? Nie fertig ist das Alter
mit dem letzten Wort.

Altersweisheit heißt jetzt Demenz.

Das Alter schreibt ins Reine den Satz,
den es nicht mehr ins Freie tun kann.

Das Alter raubt mehr Fähigkeiten,
als jede Schule uns verschafft.

Auch Altersbashing ist längst veraltet
und Jugendwahn vergreist.

Keine Zeit hat die Jugend, sich kürzer zu fassen,
und das Alter, Romane zu schreiben.

Das Alter kann weniger,
aber auch weniger wollen.

Am schnellsten altert, wer jung bleiben will
durch Treue zu seinen Jugend-Idolen.

Traumdunkle Jugend will Aufklärung,
desillusioniertes Alter Geheimnisse.

Das Alter besteht nur darin,
dass andere jung oder tot sind.

B-Triebe. Die Gattung
siegt stets übers Individuum,
in der Jugend als Bett-Trieb,
im Beruf als Betrieb
und im Alter als Bet-Trieb.

Die Jugend verrät immer die Ideale des Alters
und macht alt.

Die Jugend träumt vom Handeln,
das Alter handelt mit Träumen.

Sex schützt vor dem Alter,
aber Alter nicht vor Lieblosigkeit,
sagen alte Erotologen.

Die Jungen stehen auf (Aufständischen).
In der Jugend belebt uns noch die Lebensangst,
im Alter tötet uns schon eine Riesenfreude.

Wir sind jung, damit das Leben, und wir altern,
damit das Sterben uns leichter fällt.

Charakterschwäche wird bald verdeckt
durch Altersschwäche.

Anti-Aging gilt als der Altersweisheit letzter Sch(l)uss.

Die Jugend heuchelt Tugend, die ihr so schwer fällt
wie dem Alter das Laster.

In aufsässiger Jugend enge Grundsätze,
im gesetzten Alter weiter Grundbesitz.

Seit Freud ist das Kleinkind die Larve,
hinter der sich das fertige Alter zu verstecken liebt.

Wer in seiner Jugend für Idealismus zu schlau war,
bleibt für Altersweisheit zu dumm.

Im Alter wird das Leben zur Frage,
ob der Tod der Endpunkt ist
oder ein Enddoppelpunkt.

Altern gilt nun als Jugendtorheit
und ewige Jugend als Altersweisheit.

Was Tugend von Jugend fordert, löst kein Alter ein.

Im Alter zu jung bleibt mancher,
der schon im Jugendalter veraltet war.

Das Alter ist nur noch neugierig,
ob der Ausgang die Hälfte des Lebens ist.

Ich will leben, um zu altern, und alt werden,
um kein Kindskopf zu bleiben.

Der Tod schließt dir nur die Augen,
die erst das Alter dir öffnet.

Jugend hat noch nichts, um damit zu glänzen;
Alter hat nichts mehr, um sich zu verbergen.

Die Vergangenheit gehört dem Alter
und die Zukunft der Jugend,
aber meine Vergangenheit ist ein Kind
und meine Zukunft ein Greis.

Ein Junger rebelliert, aber kollektiv.
Ein Alter resigniert, aber eigensinnig.

Wer noch im Alter lernt und trainiert,
will für den Tod fit bleiben.

Sorglose Jugend verzweifelt schwermütig, gräm-
liches Alter tröstet sich hoffnungsfroh leichtsinnig.

Der besten Tage der Jugend zu gedenken,
sind nicht die besten Tage des Alters.

Dass einer schon immer zurückgezogen lebte,
steht ihm gut erst im Alter.

Jugend : vital und dummdreist.
Riskante Praxis, bequeme Theorien.
Alter : altklug und rappelig.
Kleinmütige Praxis, gewagte Theorien.

News verjüngen nichts; sie altern schneller als wir.

Das moderne Alter ist die Pubertät des Todes.

Kritik der Jugend am Alter ist Selbstkritik a priori.

Sprüche: Auch große Schriftsteller
altern zu bloßen Satzstellern.

Im Alter ist nicht mehr in Ordnung,
was lange noch nicht in Ordnung war.

Das Alter kann sich nicht verjüngen, doch erneuern,
die ewige Jugend nicht reif sein, doch veralten.

Das Alter erwartet nur noch Erinnerungen
an Erwartungen.

Wer in der Kindheit erwachsen sein wollte,
will im Alter nicht zu jung sein.

Altersweise : Nicht mehr so klug wie einst.
Weisheit macht älter als Alter weise.

Demenz heißt auch sein Alter vergessen.

Kurz ist das Leben, länger das Alter.

Große Genüsse kann sich das Alter
so wenig leisten wie die Jugend.

Im Alter kommt Sehschwäche, aber das Sehen selbst
ist eine Schwäche für Sehensunwürdiges.

Der Ruhestand des Alters ist nach dem Leerlauf
des Lebens eher Fortschritt als Niederlage.

Manches Alter hat mehr Nichts hinter als vor sich.

Der Alte sieht die Jugend durch seine Jugend
und seine Jugend durch sein Alter hindurch.

Im Alter noch blutjung ist nur,
wer in der Jugend schon altklug war.

Was Jugend und Leben nicht geben,
können Tod und Alter nicht nehmen.

Alter und Tod rauben weniger, was man hatte,
als was man hätte haben können.

Alter leidet daran, nicht die Jugendleiden,
Jugend freut sich, nicht die Altersfreuden zu fühlen.

Jugend schaut voran, nur nicht aufs Alter;
Alter schaut zurück, nur nicht auf Neues.

Kinderkrankheiten wurden Therapien des Alters.

Altersweise ist, wer nichts mehr im Gedächtnis hat
als ureigene Gedanken.

Geschwätzig ist das Alter, nur nicht in Bonmots.

Jugendtorheit, Herzensbildung, Altersweisheit:
das einzige Wissen ohne Universitätsgrad.

Altersweisheit : vollentwickelte Jugendtorheit.